바로바로
통하는
여행영어

예스북

• '바로바로 통하는 여행영어'를 쓰면서

국제화 시대에 발맞춰 해마다 많은 사람들이 세계 각국의 다양한 문화를 체험하고자 해외여행을 떠납니다. 사람은 누구나 아는 만큼 보이고, 보이는 만큼 느끼고, 느끼는 만큼 생각하게 마련이지요. 하여 여행을 통해 얻는 경험과 지식은 젊은이들로 하여금 더 크고 원대한 꿈과 미래를 설계해 나가는 밑거름이 되어줄 것입니다.

이러한 여행을 앞두고 준비해야 할 것들이 많이 있지만 그 중 단시간에 해결되지 않는 부분이 바로 언어문제일 것입니다.

그러나 두려워하지 마십시오. 도전하는 젊음은 아름답습니다.

여행지에 대한 정보와 현지 상황을 보다 철저하게 준비해 간다면 아주 간단한 의사소통만으로도 충분히 즐거운 여행을 만끽하실 수 있습니다. 여행 중 만나게 되는 장면들을 현지 상황에 딱 맞게 구성하여 쉽고 간단한 문장으로 표현한 '바로바로 통하는 여행영어'가 있으니까요.

이 책은 현지 사정과 필자의 여행 경험을 살려 꼭 필요한 문장들만 골라 담은 알짜배기 여행회화입니다. 이것저것 챙길 것도 많은 여행 준비물에 크고 두꺼운 책은 부담스럽기만 합니다. 알짜배기 회화들만 골라 담은 '바로바로 통하는 여행영어'만 챙기십시오. 찾아보기 쉽고 바로바로 사용이 가능하도록 응용단어들도 함께 담았습니다.

기내에서, 공항에서, 호텔에서, 여행지에서 꼭 필요한 문장들이 여러분과 함께 할 것입니다.

지금 해외여행을 준비 중이신가요?
그렇다면 현지에서 쉽고 편리하게 사용할 수 있는 '바로바로 통하는 여행영어'와 함께 하세요. 여러분의 여행이 즐거워질 것입니다.

차례

●● 여행준비 • 009
여권 | 비자 | 교통편 | 숙박시설 | 환전
철도패스 | 여행자 보험 | 기타

●● 생활정보 • 018
시차 | 화폐 | 전압 | 전화

●● 기본표현 • 021
인사 | 감사 | 사과 | 부탁 | 대답 | 질문 | 되묻기

{ part 1. 기내에서 }

- 여행 tip • 038
- 좌석을 찾을 때 • 039
- 식사와 음료 제공받을 때 • 041
- 기타 서비스 요청할 때 • 043
- 불편을 호소할 때 • 045
- 면세품을 구입할 때 • 046
- 비행기 갈아탈 때 • 047
- 입국카드 작성할 때 • 048

{ part 2. 입국 }

- 여행 tip • 052
- 입국 심사할 때 • 053
- 짐 찾을 때 • 056
- 세관 검사할 때 • 058
- 환전할 때 • 060
- 여행자 안내소에서 • 062
- 시내로 이동할 때 • 064

{ part 3. 숙박 }

- 여행 tip • 068
- 호텔 예약할 때 • 069
- 체크인할 때 • 071
- 체크인 트러블 • 073
- 예약을 하지 않았을 때 • 074
- 룸서비스 요청할 때 • 077
- 서비스 시설 이용할 때 • 079
- 문제가 발생했을 때 • 081
- 일정을 변경할 때 • 083
- 체크아웃할 때 • 084

{ part 4. 식사 }

- 여행 tip • 088
- 식당을 찾을 때 • 089
- 식당을 예약할 때 • 092
- 자리 배정 • 093
- 식사 주문할 때 • 095
- 식사할 때 • 098
- 패스트푸드점에서 • 100
- 술집에서 • 103
- 계산할 때 • 105

{ part 5. 교통 }

- 여행 tip • 108
- 길을 물을 때 • 109
- 버스를 이용할 때 • 112
- 지하철을 이용할 때 • 116
- 기차를 이용할 때 • 119
- 택시를 이용할 때 • 122
- 렌터카를 이용할 때 • 125
- 주유소에서 • 128

{ part 6. 관광 }

- 여행 tip • 130
- 관광안내소에서 • 131
- 자전거를 빌릴 때 • 134
- 표를 구입할 때 • 135
- 관람할 때 • 137
- 사진을 찍을 때 • 139

{ part 7. 쇼핑 }

- 여행 tip • 142
- 상점을 찾을 때 • 143
- 물건을 찾을 때 • 145
- 물건을 고를 때 • 147
- 면세점에서 • 155
- 물건을 계산할 때 • 156
- 포장 · 배송을 원할 때 • 158
- 교환 · 반품을 원할 때 • 159

{ part 8. 통신 }

- 여행 tip • 162
- 전화 • 163
- 우편 • 167
- 인터넷 • 169

{ part 9. 트러블 }

- 여행 tip • 172
- 분실 · 도난당했을 때 • 173
- 교통사고가 났을 때 • 175
- 병원에서 • 178
- 약국에서 • 180

{ part 10. 귀국 }

- 여행 tip • 184
- 예약을 확인할 때 • 185
- 예약을 변경할 때 • 186
- 탑승수속 • 187

바로바로 단어사전   189

여·행·준·비

⊞ 여권

　해외여행을 하기 위해서 가장 먼저 준비해야 할 일은 신분과 국적을 나타내는 증명서인 여권을 발급받는 일이다. 여권에는 여러 종류가 있는데 일반인들이 쉽게 만들 수 있는 일반여권은 단수여권과 복수여권이 있다. 일반 복수여권은 유효기간이 10년(또는 5년)이며, 이 기간 동안 횟수에 제한 없이 외국여행을 할 수 있다. 일반 단수여권은 유효기간이 1년이며, 1회에 한하여 외국여행을 할 수 있다. 여권은 본인이 직접 신청해야 한다.(본인 직접 신청제) 단, 18세 미만의 미성년자나 의학적 사유 등에 의한 경우에는 예외로 대리인 신청이 가능하다.

　여권 연장은 한 번도 연장하지 않은 복수여권에 한하여 만료일 전후 1년 이내에 가능하다. 이 경우 경찰청에서 신원조회가 들어가는데, 본인에게 문제가 있거나 진행 중인 소송이 있으면 그에 해당하는 구비서류를 제출하라는 통지가 온다. 하지만 중대과실로 기소중지가 되어있거나 하지 않는다면 별다른 어려움 없이 연장이 가능하다. 여권 연장에 따른 구비서류는 기존 여권과 새로 만들 여권용 사진 1매, 신분증을 지참하고 여권과로 가서 신청하면 된다. 처리 기간은 통상 일주일 정도이다.

- **구비서류 :**

  여권발급신청서, 여권용 사진 1매 (3.5cm x 4.5cm, 6개월 이내에 촬영한 칼라 사진) 신분증

- **여권발급신청서 기재사항 :**

  본인의 성명(한글, 한자, 영문), 주민등록번호, 연락처, 현주소, 등록기준지(본적지), 국내 긴급연락처, 법정대리인의 인적사항(만 18세 미만의 경우) 등

- **발급비용 :**

  복수여권 55,000원(10년)과 47,000원(5년) 선택, 단수여권 20,000원, 유효기간 연장 25,000원(전자여권기준)

- **발급소요기간 :** 3~7일

- **신청과 발급 :**

  신청 : 여권사무 대행기관(지방자치단체)
  발급 : 한국조폐공사에서 제작 후 여권사무 대행기관을 통해 배부
  여권사무 대행기관 연락처 :
  외교통상부 http://www.0404.go.kr/index.jsp참조

- **기타 주의 할 사항 :**

  대리인을 통한 여권 신청이 가능한 경우

  의전상 사유 : 대통령(전·현직), 국회의장, 대법원장, 헌법재판소장 및 국무총리

  의학적 사유 : 본인이 직접 신청할 수 없을 정도의 신체적·정신적 질병, 장애나 사고 등이 있는 경우 (반드시 의사의 진

단서 또는 소견서 제출, 장애인증 및 국가유공자증 등으로 대신할 수 없음)

연령 : 18세 미만의 사람

의학적 사유 또는 연령으로 인하여 대리 신청을 하는 경우에 대리인이 될 수 있는 사람의 범위는 다음과 같다.

- 친권자, 후견인 등 법정대리인
- 배우자
- 본인이나 배우자의 2촌 이내 친족으로서 18세 이상인 사람

● **군복무를 마치지 아니한 남자의 경우 :**

군복무를 마치지 아니한 남자가 국외 여행을 할 경우 거주지 병무청장의 허가가 필요하다. 따라서 18세 이상 35세 이하 남자의 경우(군 미필자 및 군복무를 마치지 아니한 자)에는 국외여행허가서(25세 이상 35세 이하)와 기타 병역 관계 서류를 요구한다.

병무청 홈페이지 www.mma.go.kr를 통하여 신청이 가능하다.

🔆 비자

비자는 입국하려는 국가의 재외 공관이 발행하는 입국 허가증이다. 현재 미국, 호주, 일본, 인도, 중국 등을 제외하고는 일정한 조건(체재 기간 30~90일 이내, 귀국용 항공권을 소지한 경우)만 갖추면 관광이 목적인 경우는 비자가 면제되는 나라가 많다. 현재 미국은 우리나라에 대해 비자면제 프로그램을 시행

하고 있다. 따라서 최대 90일까지 미국에 비자 없이 체류할 수 있는데, 출국하기 전에 ESTA(미국비자면제 프로그램)를 받아야 한다.

(미국 정부의 '전자여행허가제' 사이트(https://esta.cbp.dhs.gov)에 접속하여 신청할 수 있다.) 관련 상세 사항은 외교통상부 비자면제프로그램 안내 홈페이지(www.vwpkorea.go.kr)를 참조한다.

✸ 사진규격

여권은 신원증명서이므로 사진에 대하여 여러 가지 규정을 두고 있다. 다음과 같은 제한에 주의해야 한다.

- 흰색 바탕에 상반신이 정면으로 나와야 하며 얼굴의 길이가 2.5~3.5cm가 되어야 한다.
- 복사한 사진, 즉석사진, 포토샵으로 수정된 사진은 사용할 수 없다.
- 조명에 의하여 눈동자의 적목현상이 나타나거나 칼라렌즈를 착용하여서는 안 된다.
- 안경이나 가발은 평상시 착용하는 사람에게만 허용된다.
- 색안경을 착용하여서는 안 된다.
- 안경렌즈에 조명이 반사되거나 착용한 안경테가 눈을 가려서는 안 된다
- 귀 부분이 노출되어 얼굴 윤곽이 뚜렷이 드러나야 한다.
- 모자나 머플러를 착용하여서는 안 된다.
- 악세사리를 착용하는 경우 악세사리에 조명이 반사되지 않아야 한다.
- 제복, 군복, 흰색 의상을 착용하여서는 안 된다.
  (다만 군인이 공무여권을 신청할 때 제복을 입거나 학생이 교복을 입는 것 그리고 종교인이 종교적인 의상을 입는 것은 허용)

🔘 항공권

　해외여행을 결심하고 일정이 정해졌다면 곧바로 항공 티켓 예약에 나서는 것이 좋다. 빠르면 3개월 전부터, 늦어도 1달 전에는 항공권 예약을 해두는 것이 좋다. 특히 방학을 이용해 여행을 떠나는 배낭여행자들이라면 항공권 예약을 늦어도 2개월 전에는 해두는 것이 좋다. 항공권의 가격은 회사별, 기간별로 차이가 많이 나므로 전문 여행사를 이용하는 편이 저렴하다. 또한 직항 노선보다 경유노선을 취항하는 항공편이 저렴하고, 항공사마다 다양한 상품들을 내놓고 있으니 일정과 예산을 잘 고려하여 자신에게 맞는 상품을 선택하면 된다. 참고로 항공권의 가격은 발권일을 기준으로 결정되므로 비수기에 예약을 해도 성수기에 항공요금이 인상되면 인상된 요금이 적용된다. 그러므로 발권시기도 잘 결정해야 한다. 또한 여행사를 통해 단체로 가는 게 아니라면 출발 3일 전에 반드시 예약을 재확인해야 한다.

🔘 환전

　환전은 시중 은행이나 농협 등의 금융기관에 여권을 가지고 가면 환전이 가능하다. 환율은 외환 환율고시표에서 현찰매도란의 금액을 확인하면 된다. 유럽으로 여행하는 경우, 우선 달러로 바꾼 후에 다시 유로화로 환전을 해도 되지만 환전수수료를 손해 보기 때문에 출국 전에 미리 유로화로 바꾸거나 고액의 경우 여행자수표를 준비하는 것이 좋다. 참고로 환전 업무의 전면 개방으로 인해 시중 은행들이 환전 수수료 인하경쟁을 벌이고 있어 조금만 부지런히 정보를 찾는다면 환전 수수료 할인이나 환율 우대쿠폰 등을 이용하여 조금 더 유리한 조건으로 환전을 할 수 있다.

환전은 가능하면 소액권으로 하고 여행자수표를 준비하자. 여행자수표는 분실시를 대비하여 수표번호를 별도로 메모해 두는 것이 필수이다. 해외에서 사용 가능한 신용카드를 가져가는 것도 좋다. 신용카드의 해외사용 한도액은 $10,000이다. 카드 사용 후 2개월 이내에 청구된다.

❂ 철도패스

유럽여행을 떠나는 배낭여행자들에게는 유레일패스가 필수적이다. 유레일패스란 영국을 제외한 서유럽 17개국의 국철 구간을 일정 기간동안 거리나 승차의 횟수에 관계없이 마음대로 이용할 수 있는 철도 할인 패스이다. 유럽 내에서는 구입할 수 없으며 외국인들만 이용할 수 있는 편리한 열차 정기 승차권이다. 따라서 유럽을 여행하고자 할 때에는 국내에서 미리 준비해 가도록 하자.

유레일패스의 종류로는 유레일 유스 패스(EURAIL YOUTH PASS), 유레일 세이버 패스(EURAIL SAVER PASS), 유레일 플렉시 패스(EURAIL FLEXI PASS) 등이 있으므로 여행 기간과 일정에 맞추어 자신에게 알맞은 유레일패스를 준비하면 된다.

이 외에도 각 나라마다 여행자를 위한 패스를 판매하며 버스와 지하철을 함께 이용할 수 있는 것도 있고, 지하철만 이용할 수 있는 것도 있으므로 사전에 계획을 잘 세워 준비하도록 하자.

증명서

학생이라면 국제학생증과 유스호스텔증을 가져가야 한다. 건축이나 미술 전공인 경우, 영문으로 된 재학증명서를 가져가면 입장료 혜택을 받을 수도 있다. 국제학생증은 isic와 isec 이 두 가지 종류가 있는데 둘 중 아무거나 발급받아도 되며, isic는 케세스여행사라는 곳에서 독점으로 발급하고 isec는 주변여행사에서 발급 받을 수 있다.

유스호스텔증은 서울 광화문에 유스호스텔연맹이나 여행사를 통해서도 발급 받을 수 있다. 유스호스텔증 외에 호스텔오브유럽증도 있는데 이 증명서도 유스호스텔증과 같은 할인혜택을 받을 수 있다. 차를 렌트하여 직접 운전을 할 계획이라면 국제운전면허증도 미리 준비해 두자.

⊕ 여행자보험

　해외여행을 떠나는 이들이 겪을 수 있는 불의의 사고에 대비해 여행기간에 한정해 가입하는 보험이다. 각 보험 상품은 보상 한도액과 여행기간에 따라 가격이 달라진다. 인터넷을 통해서도 가입할 수 있고, 여행을 떠나기 전 공항에 있는 보험사 창구에서 바로 가입도 가능하다. 여행자 보험의 경우 대개 1만원 안팎으로 저렴하므로 만일의 경우에 대비해 가입을 해두는 것이 좋다.

⊕ 기타

　짐은 꼭 필요한 물품만 챙기고 신발과 복장은 최대한 편한 것으로 준비한다. 여권분실시를 대비한 여분의 여권용 사진을 챙기는 것과 여행자수표번호나 여권번호, 항공권 번호를 따로 적어두는 것도 잊지 말자. 국제전화카드, 비상약품도 미리 준비해 가는 것이 좋다. 비행기 화물 짐의 무게는 20kg이고, 기내에 반입할 수 있는 짐은 가로, 세로 높이의 합계가 115cm 이내이다. 참고로 건전지는 제품에 사용 중인 것은 휴대할 수 있지만 별도의 건전지는 휴대하고 들어갈 수 없다. 기내에 반입할 수 없는 물건들은 별도의 위탁화물로 부쳐야 한다.

생·활·정·보

시차

지구는 둥글기 때문에 태양과의 각도가 나라마다 달라서 시차가 생긴다. 영국 그리니치 천문대를 기준으로 경도를 동경과 서경으로 나누는데, 예를 들어 서경 90도인 미국의 시카고는 영국에서 서쪽으로 90도만큼 떨어져 있다는 뜻이다. 영국보다 오른쪽에 있는 우리나라는 동경 135도를 기준으로 쓰고 있다. 지구를 단순히 원으로 생각하고 24개로 나누면 360도를 24로 나눈 15도가 나온다. 24로 나눈 것은 하루가 24시간이기 때문인데, 360도와 24시간을 서로 비례식을 이용해서 계산할 때 15도에 1시간 꼴이라는 것을 알 수가 있다. 같은 나라여도 지역에 따라서 시차가 나는 것은 이 때문이다. 여행지의 정확한 시차를 알고 싶다면 지구본을 돌려 경도를 살펴보자.

화폐

서유럽의 대부분의 나라들은 유럽연합의 공용화폐인 유로화를 사용한다. 유럽연합에 신규 가입하는 동유럽의 나라들이 늘고 있어 앞으로 더 확대될 수도 있지만 현재 유로화를 사용하는 나라는 아일랜드, 포르투갈, 스페인, 프랑스, 독일, 오스트리아, 핀란드, 이탈리아, 벨기에, 네덜란드 룩셈부르크, 그리스 등이다. 유럽연합 가입국에서 유로화를 사용하지 않는 대표적인 국가는 영국(파운드), 스웨덴(스웨덴 크로나), 덴마크(덴마크 크로나) 등이 있다.

유로화와 달러는 환율차이가 많고 유로화 사용국에서 달러를 사용할 경우 수수료를 내야 하기 때문에 가능하면 해당국의 화폐로 환전을 해서 사용하는 것이 좋다.

⊞ 전압

국내의 전자제품을 외국에서 사용하려면 해당국가의 전압과 Hz, 그리고 플러그 모양을 반드시 확인해야 한다. 미국의 경우 우리와 동일한 모양의 플러그를 사용하지만, 대부분의 국가는 전압과 플러그 모양이 우리나라와 다르다. 유럽의 나라들은 주로 220v~250v의 전압을 사용한다. 그러나 220v라고 해도 우리나라 전자제품을 가져가서 그대로 사용하기는 힘들다. 플러그나 콘센트 모양도 다르지만 그것보다 더욱 문제가 되는 것은 주파수이다. 우리나라는 220V, 60Hz를 쓰지만 유럽의 경우는 주로 230V, 50Hz를 사용한다.

여행할 국가가 우리나라와 전압 및 Hz가 다를 경우에는 변압기(transformer)를 사용하여 전압 및 Hz를 변환하여 주어야 한다. 유럽의 대부분 나라에서는 230V를 사용하고 있는데 우리나라에서 사용하는 220V 제품을 변압기 없이 사용해도 큰 무리는 없지만 너무 오래 사용하면 기기에 무리가 가고 수명이 단축될 수도 있다. USB 충전 기능이 있다면 그걸 활용하는 것도 좋다.

전화

국제전화를 사용해야 할 일이 있다면 출국 전에 국제전화 선불카드를 구매하는 것이 다른 통화방법에 비해 경제적이다. 국제전화 선불카드는 유선전화, 핸드폰, 공중전화 어디서든 사용이 가능하다. 따라서 여러 사람이 한 카드번호를 동시에 공유해서 사용할 수도 있다.

선불카드를 이용하여 국제전화를 거는 방법은 접속번호와 카드번호를 누르고, 국가번호 - 지역번호(지역번호 앞의 0은 제외) - 전화번호를 누르면 된다. 예를 들어 서울 123-4567로 전화할 경우 82-2-123-4567로 걸면 된다.

기·본·표·현

인사

:: 안녕.
Hi. / Hello.
하이   헬로우

:: 안녕하십니까? (아침)
Good morning.
굿 모닝

:: 안녕하십니까? (낮)
Good afternoon.
굿 앱터눈

:: 안녕하십니까? (저녁)
Good evening.
굿 이브닝

:: 안녕히 주무세요. / 잘 자.
Good night.
굿 나잇

기·본·표·현

:: 오랜만입니다.
   Long time no see.
   롱 타임 노우 씨

:: 잘 지내시죠?
   How are you?
   하우 아 유

:: 네, 덕분에요.
   Fine, thanks.
   퐈인 땡스

:: 처음 뵙겠습니다.
   How do you do?
   하우 두 유 두

:: 만나서 기쁩니다.
   Nice to meet you.
   나이스 투 미츄

:: 저는 김민수입니다.
I'm Kim Min-su.
아임 김민수

:: 저는 한국에서 왔습니다.
I'm from Korea.
아임 프럼 코리아

:: 저는 한국인입니다.
I'm Korean.
아임 코리언

:: 만나 뵙게 되어 영광입니다.
I'm honored to meet you.
아임 아너드 투 미츄

:: 또 봅시다.
See you again.
씨 유 어게인

인사

기본표현 23

기·본·표·현

:: 좋은 하루 되세요.
Have a nice day!
해버 나이스데이

:: 행운을 빕니다.
Good luck!
굿 럭

:: 조심하세요.
Take care.
테익 케어

:: 축하합니다.
Congratulations!
컨그레이츄레이션스

:: 생일을 축하합니다.
Happy birthday (to you)!
해피 버쓰데이 (투 유)

:: 고맙습니다.
Thank you.
땡큐

:: 대단히 고맙습니다.
Thank you very much.
땡큐 붸리 머치

:: 애써 주셔서 고맙습니다.
Thank you for your trouble.
땡큐 풔 유어 트러블

:: 큰 신세를 졌습니다.
I'm very much obliged to you.
아임 붸리 머치 어블라이즈드 투 유

:: 친절에 감사드립니다.
Thank you for your kindness.
땡큐 풔 유어 카인드니스

감사

기·본·표·현

:: 오늘 저녁 정말 즐거웠습니다.
I really had a pleasant evening.
아이 뤼얼리 해더 플레즌 이브닝

:: 얘기 즐거웠습니다.
I enjoyed talking with you.
아이 엔조이드 토킹 위드 유

:: 초대해 주셔서 감사합니다.
Thank you for inviting me.
땡큐 풔 인봐이팅 미

:: 그렇게 말씀해 주시니 고맙습니다.
How kind of you to say so.
하우 카인더뷰 투 쎄이 쏘―

:: 잘 됐네요.
Good for you.
굿 포 유

:: 미안합니다.
I'm sorry.
아임 쏘리

:: 실례합니다.
Excuse me.
익스큐즈 미

:: 용서해 주세요.
Please forgive me.
플리즈 풔깁 미

사과

:: 늦어서 죄송합니다.
I'm sorry I'm late.
아임 쏘리 아임 레잇

:: 번거롭게 해서 죄송합니다.
I'm sorry to bother you.
아임 쏘리 투 보더 유

기·본·표·현

:: 기다리게 해서 죄송합니다.
I'm sorry to have kept you waiting.
아임 쏘리 투 해브 켑츄 웨이링

:: 제가 실수를 했습니다.
I made a mistake.
아이 메이드 어 미스테익

:: 괜찮습니다.
That's all right.
댓츠 올 롸잇

:: 신경 쓰지 마세요.
Never mind.
네버 마인드

:: 유감입니다.
I'm sorry to hear that.
아임 쏘뤼 투히어 댓

:: 휴대폰 좀 사용해도 될까요?
Could I use your cell phone?
쿳 아이 유즈 유어 쎌폰

:: 담배를 피워도 괜찮을까요?
Do you mind if I smoke?
두 유 마인드 이파이 스목

:: 창문을 열어도 될까요?
Would you mind opening the window?
우쥬 마인드 오프닝 더 윈도우

:: 부탁 하나 해도 될까요?
May I ask a favor of you?
메이 아이 애스커 훼이버브 유

부탁

:: 저 좀 도와주세요.
Please help me.
플리-즈 헬프 미

기본표현 29

기·본·표·현

:: 좀 도와주시겠어요?
Could you help me?
쿠쥬 헬프 미

:: 좀 도와주시겠어요?
Could you give me a hand?
쿠쥬 깁미어 핸드

:: 가방 드는 것 좀 도와주시겠어요?
Could you help me carry these bags?
쿠쥬 헬프 미 캐뤼 디-즈 백스

:: 제 자리를 좀 봐 주시겠습니까?
Can you save my place, please?
캔유 세이브 마이 플레이스 플리즈

:: 그렇게 해 주시겠어요?
Will you, please?
윌 유 플리-즈

:: 예. / 아니오.
  Yes. / No.
  예스 / 노우

:: 네, 그렇습니다.
  Yes, it is.
  예스 이리즈

:: 아니오, 그렇지 않습니다.
  No, it isn't
  노우 이리즌

:: 네, 부탁합니다.
  Yes, please.
  예스 플리즈

:: 아니오, 괜찮습니다.
  No, thank you.
  노우 땡큐

대답

기본표현 31

기·본·표·현

:: 잘 모르겠습니다.
I don't know.
아이 돈 노우

:: 알겠습니다.
I understand.
아이 언더스탠

:: 물론이죠.
Of course. / Certainly.
어브 코스 / 서든리

:: 죄송하지만, 안되겠는데요.
Sorry, I can't.
쏘-뤼 아이 캔(트)

:: 진심이 아니었습니다.
I didn't mean it.
아이 디든 미인 잍

질문

:: 이것은 무엇입니까?
What's this?
왓츠 디스

:: 여기는 어디입니까?
Where is it?
웨어리즈 잇

:: 몇 시입니까?
What time is it?
왓 타임 이짓

:: 이름이 뭡니까?
What's your name?
왓츄어 네임

:: 무엇을 찾고 있습니까?
What are you looking for?
와라유 룩킹 풔

기본표현 33

기·본·표·현

:: 화장실은 어디입니까?
Where's the rest room?
웨어즈 더 레스트 룸

:: 이것은 얼마입니까?
How much is it?
하우 머치 이짓

:: 저 빌딩은 무엇입니까?
What's that building?
왓츠 댓 빌딩

:: 몇 번 버스를 타면 됩니까?
Which bus do I get on?
위치 버스 두 아이 게론

:: 날씨는 어때요?
What's the weather like?
왓츠 더 웨더 라익

:: 뭐라고 하셨습니까?
What did you say?
왓 디쥬 쎄이

:: 뭐라고요?
What?
왓

> 되묻기

:: 다시 한번 말씀해 주시겠어요?
I beg your pardon?
아이 베규어 파든

:: 그 말이 무슨 뜻이죠?
What do you mean by that?
왓 두 유 민 바이 댓

:: 좀더 천천히 말씀해 주시겠어요?
Can you speak more slowly?
캔 유 스픽 모어 슬로우리

기본표현 35

기·본·표·현

:: 좀 크게 말씀해 주세요.
Speak up, please.
스피컵 플리즈

:: 잘 안 들립니다.
I can't hear you.
아이 캔(트) 히어 유

:: 써 주십시오.
Please write it down.
플리즈 롸이릿 다운

:: 무슨 말씀이신지 잘 모르겠습니다.
I don't understand.
아이 돈 언더스탠

:: 제 소개를 해도 될까요?
May I introduce myself?
메이 아이 인트뤄듀스 마이셀프

I'm lOoking for my Seat. Can you Show me my Seat, please?

 기내에서

여행 TIP

●●해외여행을 할 때는 출발 2시간 전까지 공항에 도착하여 탑승수속을 해야 한다. 공항의 체크인 카운터는 항공사마다 다르기 때문에 자신이 예약한 항공사의 카운터를 찾아가 항공권을 발권 받고 수하물 수속을 한다. 탑승게이트와 탑승시간을 확인한 후 자유롭게 시간을 보내다가 시간에 맞춰서 해당 게이트 앞으로 오면 된다.

●●기내에 들어서면 탑승권에 적힌 지정좌석을 찾는다. 잘 모를 때는 승무원에게 티켓을 보여주면 친절하게 안내해 준다. 국내항공을 이용할 경우에는 상관없지만 외국 항공사를 이용할 경우 기내에 들어서면서부터 영어로 안내를 받게 된다. 간혹 한국 승무원이 있는 항공사도 있지만 대부분의 외국인 승무원들은 한국어를 알아듣지 못하므로 기본적인 표현은 외워두는 것이 좋다.

●●기내에서는 안내에 따라 휴대폰과 컴퓨터 등의 전원을 끄고 안전벨트를 착용한다. 안내 표시등이 꺼지면 안전벨트를 풀 수 있고 자리 이동도 가능하다. 참고로 국내항공은 물론 외국항공사의 경우도 대부분 기내 흡연을 금지하고 있으므로 화장실 등에서 몰래 흡연행위를 하다가 적발되어 처벌을 받지 않도록 각별히 유의하자.

:: 좌석을 찾을 때

기내에서

:: 자리를 찾고 있습니다.
I'm looking for my seat.
아임 루킹 풔 마이 씻

:: 탑승권을 보여주시겠습니까?
Would you show me your boarding pass, please?
우쥬 쇼우미 유어 보딩 패스 플리즈

:: 손님 좌석은 앞쪽입니다.
Your seat is in the front.
유어 씨리즈 인 더 프런트

:: 이쪽으로 오십시오.
This way, please.
디스 웨이 플리즈

:: 저기 통로 쪽입니다.
It's over there on the aisle.
잇츠 오버 데어 런 디 아일

∷ 좌석을 찾을 때

∷ 지나가도 되겠습니까?
Can I pass?
캔 아이 패스

∷ 여긴 제 자리인 것 같은데요.
I think this is my seat.
아이 띵 디시즈 마이 씻

∷ 좌석을 바꿀 수 있을까요?
Could I change my seat?
쿠다이 체인지 마이 씻

∷ 의자를 뒤로 젖혀도 될까요?
May I put my seat back?
메이 아이 풋 마이 씻 백

∷ 안전벨트를 매 주십시오.
Please fasten your seat belt.
플리즈 패슨 유어 씻 벨트

식사와 음료 제공받을 때

기내에서

:: 음료를 드시겠습니까?
Would you like something to drink?
우쥬 라익 썸씽 투 드륑

:: 커피, 홍차, 우유, 오렌지주스가 있습니다.
We have coffee, tea, milk and orange juice.
위 해브 커피 티 밀크 앤 오린지 주스

:: 커피 주세요.
Coffee, please.
커피 플리즈

:: 와인 있습니까?
Do you have wine?
두 유 해브 와인

:: 한 잔 더 주실 수 있습니까?
Can I have another one?
캔 아이 해브 어나더 원

물
water
워러

맥주
beer
비어

위스키
wisky
위스키

기내에서 41

식사와 음료 제공받을 때

:: 식사는 뭘로 하시겠습니까?
What would you like for dinner?
왓 우쥬 라익 풔 디너

:: 스테이크와 생선요리 중 뭘로 하시겠습니까?
Would you like steak or fish?
우쥬 라익 스테익 오어 피쉬

:: 스테이크로 주세요.
Steak, please.
스테익 플리즈

:: 지금은 먹고 싶지 않습니다.
I don't feel like eating now.
아이 돈 필 라익 이딩 나우

:: 나중에 먹어도 될까요?
May I have it later?
메이 아이 해빗 레이러

닭고기
chicken
치킨

돼지고기
pork
폭

소고기
beef
비프

오믈렛
omelet
오믈릿

42 바로바로통하는 여행영어

:: 기타 서비스 요청할 때

기내에서

:: 담요 한 장 주시겠습니까?
May I have a blanket, please?
메이 아이 해버 블랭킷 플리즈

> 베개
> pillow
> 필로우

:: 읽을 것 좀 주시겠습니까?
Can I have something to read?
캔 아이 해브 썸띵 투 뤼드

:: 한국 신문 있습니까?
Do you have a Korean language newspaper?
두 유 해버 코리언 랭귀지 뉴스페이퍼

:: 화장실은 어디입니까?
Where is the restroom?
웨어리즈 더 레스트룸

:: 도착까지 어느 정도 걸립니까?
How long will it take to arrive?
하우 롱 위릿 테익 투 어롸이브

∷ 기타 서비스 요청할 때

∷ 이것은 유료입니까?
Is there any charge for this?
이즈 데어 애니 촤지 풔 디스

∷ 영화는 몇 시에 시작하죠?
What time does the movie start?
왓 타임 더즈 더 무비 스탓

∷ 이 헤드폰은 어떻게 사용합니까?
How do I use these headphones?
하우 두 아이 유즈 디즈 헤드폰즈

∷ 저기 빈 자리로 옮겨도 되겠습니까?
Could I move to an empty seat over there?
쿠다이 무브 투 언 엠티 씻 오버 데어

∷ 비행기가 정시에 도착합니까?
Is the plane on time?
이즈 더 플레인 온 타임

:: 불편을 호소할 때

기내에서

:: 이어폰이 고장 났습니다.
These earphones are broken.
디즈 이어폰즈 아 브로큰

:: 멀미가 나는군요.
I'm feeling rather sick.
아임 필링 롸더 씩

:: 비행기 멀미약 있습니까?
Do you have medicine for airsickness?
두 유 해브 메디슨 풔 에어씨크니스

:: 멀미용 백 있습니까?
Do you have an airsickness bag?
두 유 해번 에어씨크니스 백

:: 좀 추운데요.
I feel chilly.
아이 필 췰리

| 더운 |
| hot |
| 핫 |

∷ 면세품을 구입할 때

∷ 기내에서 면세품을 팝니까?
Do you sell tax-free goods on board?
두 유 셀 텍스 프리 굿스 온 보드

∷ 위스키 두 병을 사고 싶습니다.
I'd like to buy two bottles of whisky.
아이드 라익 투 바이 투 보틀저브 위스키

∷ 몇 병까지 면세를 받을 수 있습니까?
How many bottles can I take duty-free?
하우 매니 보틀즈 캔 아이 테익 듀티 프리

∷ 화장품 세트도 있습니까?
Do you have cosmetic sets?
두 유 해브 카즈메틱 셋(츠)

∷ 한국 돈 받습니까?
Do you accept Korean won?
두 유 엑셉 코리언 원

담배
cigaret
시거렛

향수
perfume
퍼퓸

:: 비행기를 갈아탈 때

기내에서

:: 저는 여기서 갈아타야 합니다.
I have to transfer here.
아이 해브 투 트랜스퍼 히어

:: 갈아타는 곳이 어디입니까?
Where is the transit counter?
웨어 리즈 더 트랜씻 카운터

:: 몇 번 출구로 가야 하나요?
Which gate should I go to?
위치 게잇 슈다이 고우 투

:: 제가 탈 비행기편 확인은 어디에서 합니까?
Where can I confirm my flight?
웨어 캔 아이 컨펌 마이 플라잇

:: 탑승은 몇 시부터입니까?
What time is the boarding?
왓 타임 이즈 더 보딩

:: 입국카드 작성할 때

:: 입국카드를 작성해 주세요.
Please, fill out an immigration form.
플리즈 필 아웃 언 이미그레이션 폼

:: 작성한 것 좀 봐 주시겠어요?
Will you check it?
윌 유 체킷

:: 이렇게 쓰면 되나요?
Is it O.K?
이짓 오케이

:: 카드 한 장 더 주시겠어요?
May I have another card?
메이 아이 해버나더 카드

:: 작성법을 가르쳐 주십시오.
Please tell me how to fill in this form.
플리즈 텔 미 하우 투 필 인 디스 폼

입국신고서 작성법

출입국 신고서는 나라마다 조금씩 양식이 다르지만 기입 내용은 거의 비슷하다. 성명, 국적, 생년월일, 성별, 주소, 직업, 체류지, 여권번호, 입국편명, 체류기간, 출발지, 방문목적, 서명을 영문으로 작성하면 된다. 작성한 입국카드는 여행지 도착 후 입국심사대에 제출한다. 출입국 카드의 서명란에는 반드시 여권에 한 것과 똑같은 서명을 하도록 하고, 특히 방문의 목적과 숙박지의 주소를 명확하게 기록해야 한다. 정확히 적지 않으면 이것저것 질문이 많아지고 최악의 경우 강제출국 조치가 떨어질 수도 있다.

 ## 입국신고서

Family name 성
First(Given) name 이름
Country of Citizenship 국적
Birth Date(Day/Mo/Yr) 생년월일
Sex(Male, Female) 성별(남, 여)
Country Where You Live
현재 거주국
Home address 현주소
Occupation 직업
Address in ○○ 체제국의 연락처
Passport No. 여권번호
Flight No. 항공기 편명
Fort of Embarkation 탑승지
City Where Visa Was Issued
비자 발행 도시
Date Issued(Day/Mo/Yr)
비자 발급 년월일
City and State 목적지 주와 도시
Purpose of visit 여행목적
Signature 서명
Entered Length of stay in ○○
○○의 체재예정기간

기내에서 자주 사용되는 단어

탑승권	boarding pass	보딩패스
통로 좌석	aisle seat	아일씻
중간 좌석	middle seat	미들씻
창가 좌석	window seat	윈도우씻
탑승구	gate	게이트
안전벨트	seatbelt	씻벨트
머리 위 짐칸	overhead bin	오버헤드빈
출발지	departure	디파춰
도착지	arrival	어라이벌
입국신고서	entry form	엔트리폼
출국신고서	departure form	디파춰폼

여행 TIP

●● 여행지에 도착하면 분실물이 없도록 잘 체크한 뒤, 하차하여 여권과 입국신고서를 가지고 Arrival이라는 표시를 따라가면 입국심사대가 나온다. 외국인(Alien)용으로 가서 줄을 서면 된다. 여권과 입국신고서를 제시하면 입국목적과 체류기간, 체류장소 등을 묻고 별 문제가 없으면 여권에 상륙허가 도장을 찍어준다. 질문에 답할 때에는 당황하지 말고 또박또박하게 대답하는 것이 좋다. 경우에 따라서 여행경비나 돌아가는 비행기표를 보여 달라고 하기도 한다.

●● 입국심사가 끝나면 여권을 돌려받고 수하물 회전대로 가서 자신의 짐을 찾아 세관 카운터(Customs)로 가서 직원에게 짐과 여권을 건네준다. 신고할 물건이 있다면 세관신고서도 함께 제출한다.

●● 세관검사 카운터는 주로 색깔로 구분되어 있다. 세관신고가 필요한 사람(Good's to Declare)은 적색으로, 아무 것도 신고할 것이 없는 사람(Nothing to Declare)은 녹색으로 가게 된다.

입국심사할 때

:: 여권을 보여 주세요.
Your passport, please.
유어 패스폿 플리즈

:: 여기 있습니다.
Here it is.
히어 이리즈

:: 입국목적은 무엇입니까?
What's the purpose?
왓츠 더 퍼퍼즈

:: 여행입니다.
Just traveling.
저슷 트뤠블링

:: 출장차 왔습니다.
I'm on business.
아임 온 비즈니스

공부
study
스터디

관광
sightseeing
싸잇씽

입국심사할 때

:: 어느 정도 체류하십니까?
How long are you staying?
하우 롱 아 유 스테잉

:: 2주일입니다.
I'm staying for two weeks.
아임 스테잉 풔 투 윅스

| 10일 |
| 10 days |
| 텐 데이즈 |

:: 어디에서 머뭅니까?
Where are you staying?
웨어라 유 스테잉

:: 인터내셔널 호텔에 머뭅니다.
I'll stay at the International Hotel.
아일 스테이 앳 더 인터내셔널 호텔

:: 돌아갈 항공권을 갖고 있습니까?
Do you have a return ticket?
두 유 해버 뤼턴 티킷

입국심사할 때

:: 네, 가지고 있습니다.
Yes, it's right here.
예스 잇츠 롸잇 히어

:: 단체여행입니까?
Are you a member of group tour?
아 유 어 멤버럽 그룹 투어

입국

:: 첫 번째 방문입니까?
Is this your first visit?
이즈 디스 유어 풔스트 비짓

:: 최종목적지는 어디입니까?
What's your final destination?
왓츠 유어 파이널 데스티네이션

돈
money
머니

:: 현금은 얼마나 갖고 계십니까?
How much cash do you have with you?
하우 머치 캐쉬 두 유 해브 위듀

입 국

짐 찾을 때

:: 짐은 어디에서 찾습니까?
Where can I get my baggage?
웨어 캔 아이 겟 마이 배기지

:: 505편의 짐은 나왔습니까?
Has baggage from flight 505 arrived?
해즈 배기지 프럼 플라잇 파이브 오우 파이브 어롸이브드

:: 내 짐이 보이지 않습니다.
I can't find my baggage.
아이 캔(트) 퐈인드 마이 배기지

:: 짐을 잃어버렸습니다.
I lost my baggage.
아이 로스트 마이 배기지

:: 아직 짐이 안 나왔습니다.
My baggage hasn't arrived.
마이 배기지 해즌 어롸이브드

짐 찾을 때

:: 어디에서 출발한 항공편이죠?
What flight did you come in on?
왓 플라잇 디쥬 컴 인온

:: 505편입니다.
Flight 505.
플라잇 파이브 오우 파이브

:: 이건 제 가방이 아닙니다.
This bag is not mine.
디스 백 이즈 낫 마인

:: 수하물 인환증을 보여주세요.
May I see your claim tag?
메이 아이 씨 유어 클레임 택

:: 이것이 수하물인환증입니다.
This is the baggage claim tag.
디씨즈 더 배기지 클레임 택

❖ 세관 검사할 때

:: 여권과 신고서를 보여 주십시오.
Your passport and declaration card, Please.
유어 패스폿 앤 데클러레이션 카드 플리즈

:: 짐은 이게 전부입니까?
Will that be all?
윌 댓 비 올

:: 다른 짐은 없습니까?
Do you have any other baggage?
두 유 해브 애니 아더 배기지

:: 신고할 물건이 있습니까?
Do you have anything to declare?
두 유 해브 애니띵 투 디클레어

:: 없습니다.
No, nothing.
노우 낫씽

바로바로 통하는 여행영어

:: 세관 검사할 때

:: 이 가방을 열어주십시오.
Please open this bag?
플리즈 어픈 디스 백

:: 이건 뭡니까?
What's this?
왓츠 디스

입국

:: 금속 탐지기를 통과해 주십시오.
Please walk through the metal detector.
플리즈 웍 쓰루 더 메탈 디텍터

:: 이건 과세 대상이 됩니다.
You have to pay duty on this.
유 해브 투 페이 듀티 온 디스

:: 과세액은 얼마입니까?
How much is the duty?
하우 머치즈 더 듀티

환전할 때

:: 환전하는 곳은 어디입니까?
Where can I exchange money?
웨어 캔 아이 익스체인지 머니

:: 저 창구 끝으로 가세요.
You must go to the end of the window.
유 머스트 고우 투 디 앤더브 더 윈도우

:: 이것을 환전해 주시겠습니까?
Could you exchange this?
쿠쥬 익스체인지 디스

:: 이것을 달러로 바꿔 주십시오.
Change these to dollars, please.
체인지 디즈 투 달러즈 플리즈

:: 환율이 어떻게 됩니까?
What's the exchange rate?
왓츠 디 익스체인쥐 레잇

| 동전 |
| coin |
| 코인 |

| 지폐 |
| paper |
| 페이퍼 |

환전할 때

:: 얼마나 환전하실 건가요?
How much money do you want to exchange?
하우 머치 머니 두유 원투 익스체인지

:: 잔돈도 섞어주세요.
I need some small change.
아이 니드 썸 스몰 체인지

:: 여기에 서명해 주세요.
Please sign here.
플리즈 싸인 히어

:: 수수료는 얼마입니까?
How much is your commission?
하우 머치즈 유어 커미션

:: 여행자 수표를 현금으로 바꿔주세요.
Please cash these traveler's checks.
플리즈 캐쉬 디즈 트레블러즈 첵스

여행자 안내소에서

:: 관광 안내소는 어디에 있습니까?
Where is the tourist information center?
웨어리즈 더 투어리스트 인포메이션 센터

:: 시내 지도 있습니까?
Do you have a city map?
두 유 해버 시티 맵

> 지하철 노선도
> subway map
> 서브웨이 맵

:: 좋은 관광지 좀 추천해 주시겠어요?
Could you recommend some good tours?
쿠쥬 레커멘드 썸 굿 투어즈

:: 여기서 호텔예약을 할 수 있습니까?
Can I reserve a hotel room here?
캔 아이 리저브어 호텔 룸 히어

:: 숙박할 만한 곳을 추천해주시겠어요?
Could you recommend a good place to stay?
쿠쥬 레커멘더 굿 플레이쓰 투 스테이

:: 여행자 안내소에서

:: 오늘밤 묵을 곳을 아직 예약하지 못했습니다.
I have no reservations for tonight.
아이 해브 노우 리저베이션스 풔 투나잇

:: 어떤 호텔을 찾으십니까?
What kind of hotel are you looking for?
왓 카인더브 호텔 아 유 룩킹 풔

입국

:: 안전하고 깨끗한 곳에 묵고 싶습니다.
I'd like to stay in a safe and clean place.
아이드 라익 투 스테이 이너 세이프 앤 클린 플레이스

:: 역에서 가까운 호텔에서 묵고 싶습니다.
I'd like a hotel close to the station.
아이드 라이커 호텔 클로우즈 투 더 스테이션

:: 다운타운에 있는 호텔에 숙박하고 싶습니다.
I'd like to stay in the downtown area.
아이드 라익 투 스테이 인 더 다운타운 에어리어

❖ 시내로 이동할 때

:: 포터를 찾고 있습니다.
I'm looking for a porter.
아임 룩킹 풔러 포터

:: 이 짐을 버스정류소까지 옮겨 주세요.
Please take this baggage to the bus stop.
플리즈 테익 디스 배기지 투 더 버쓰탑

:: 수하물 수레가 어디에 있죠?
Where can I find a baggage cart?
웨어 캔 아이 파인더 배기지 카트

:: 시내로 가고 싶습니다.
I'd like to go downtown.
아이드 라익 투 고우 다운타운

:: 시내로 가는 버스는 있습니까?
Is there a bus going downtown?
이즈 데어러 버스 고잉 다운타운

시내로 이동할 때

:: 리무진버스가 있습니다.
There's a limousine bus.
데어즈 어 리무진 버스

:: 시내로 가는 버스는 어디에서 탑니까?
Where can I get a bus downtown?
웨어 캔 아이 게러 버스 다운타운

:: 다음 버스는 언제 옵니까?
How long will the next bus be?
하우 롱 윌 더 넥스트 버스 비

:: 리무진버스 시각표를 확인하고 싶은데요.
I'd like to confirm the limousine bus schedule.
아이드 라익 투 컨펌 더 리무진 버스 스케줄

:: 짐을 트렁크에 넣어주세요.
Please put my baggage in the trunk.
플리즈 풋 마이 배기지 인 더 트렁크

공항에서 볼 수 있는 표지판

DEPARTURE GATE	출발입구
ARRIVAL GATE	도착입구
BOARDING GATE	탑승입구
NOW BOARDING	탑승수속 중
ON TIME	정각에
DELAYED	지연
CONNECTING FLIGHT	환승 비행기
STAND BY	공석 대기
MONEY EXCHANGE	환전소
DOMESTIC	국내선
INTERNATIONAL	국제선
BAGGAGE/LUGGAGE	화물
IMMIGRATION	입국심사
DUTY-FREE SHOP	면세점
CUSTOMS	세관검사대

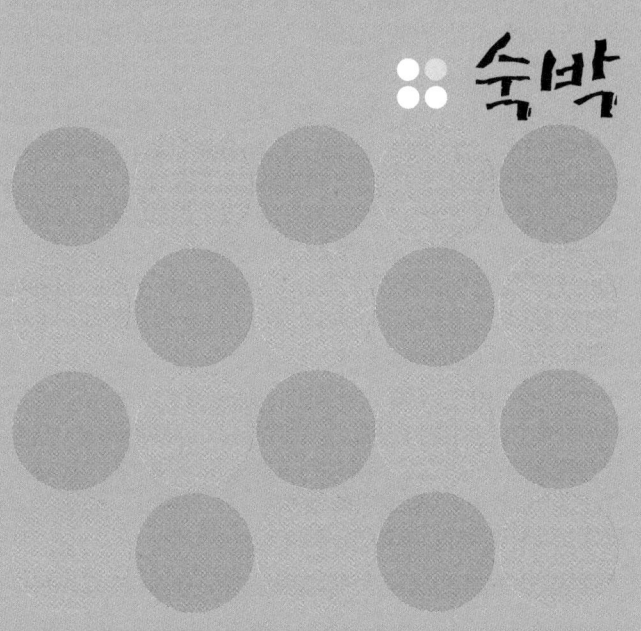

Room Service, please.
Do you have a room available?

:: 숙박

여행 TIP

●● 보통 도착지의 첫 숙소만 정해놓고 무작정 여행을 하는 경우가 있는데, 성수기에는 사전에 미리 예약을 하지 않으면 숙소 구하기가 하늘의 별따기만큼이나 힘들다. 숙소를 구하러 다니느라 시간을 허비하게 되고 또 자칫 곤란한 상황에 처할 수 있으므로 사전에 계획을 잘 짜야 한다.

●● 호텔팩이나 민박팩을 이용할 경우 숙소에 대한 염려는 하지 않아도 된다. 그러나 이 경우는 외국인 친구를 사귈 기회나 자유로운 여행을 만끽하기 힘들다. 현지사정에 따라 유연하게 움직일 수 있고 또 보다 많은 사람들과 만날 수 있는 곳은 역시 유스호스텔이다. 그러나 여러 사람이 한 공간을 사용해야 하므로 안락함을 기대하기는 어렵다. 어느 곳을 선택하느냐에 따라 여행의 방향이 달라질 수도 있으므로 각각의 장단점을 고려하여 자신에게 맞는 숙소를 정하는 것이 즐거운 여행의 관건이라 할 수 있다.

●● 호텔에 도착하면 먼저 프런트에서 체크인을 한다. 체크인 시간은 대개 오후 2시~4시부터이다. 야간열차 등을 이용하여 체크인 시간보다 일찍 도착한 사람들을 위해서는 짐을 맡아주기도 한다. 반대로 도착시간이 너무 늦어지면 예약이 취소될 수도 있으므로 예정시간보다 많이 늦어질 경우에는 미리 연락을 해두는 것이 좋다.

호텔 예약할 때

:: 객실을 예약하고 싶은데요.
I'd like to make a reservation.
아이드 라익 투 메이커 레저베이션

:: 언제 투숙하실 예정이십니까?
When are you planning to come here?
웬 아 유 플래닝 투 컴 히어

:: 내일 모레요.
The day after tomorrow.
더 데이 앱터 투모로우

:: 며칠동안 묵으실 예정이십니까?
How long will you be staying?
하우 롱 윌 유 비 스테잉

:: 이틀이요.
For two nights.
풔 투 나잇츠

호텔 예약할 때

:: 일행이 모두 몇 분이세요?
How many in your party?
하우 매니 인 유어 파리

:: 어른 두 명입니다.
Two adults.
투 어덜츠

:: 1인용 객실 요금이 얼마죠?
How much do you charge for a single?
하우 머치 두 유 촤지 풔 싱글

:: 일박에 얼마입니까?
How much for a night?
하우 머치 풔러 나잇

:: 도착예정시간은 언제이십니까?
When are you expected to arrive here?
웬 아 유 익스펙티드 투 어라이브 히어

체크인할 때

:: 체크인 부탁합니다.
I'd like to check in, please.
아이드 라익 투 첵킨 플리즈

:: 예약하셨습니까?
Do you have a reservation?
두 유 해버 레저베이션

:: 예약했습니다.
I made a reservation.
아이 메이더 레저베이션

:: 예약은 한국에서 했습니다.
I made one from Korea.
아이 메이드 원 프럼 코리아

:: 어느 분의 이름으로 되어 있습니까?
What name is it under?
왓 네임 이짓 언더

체크인할 때

:: 성함을 알려 주십시오.
May I have your name?
메이 아이 해뷰어 네임

:: 네, 예약되어 있습니다.
Okay, your name is on the list.
오케이 유어 네임 이즈 온 더 리스트

:: 트윈 하나 예약하셨군요. 맞습니까?
One twin. Is that right?
원 트윈 이즈 댓 롸잇

:: 이 카드에 기입해 주시겠습니까?
Will you fill out this form, please?
윌 유 필 아웃 디스 폼 플리즈

:: 방은 707호실입니다.
Your room number is seven o seven.
유어 룸 넘버 이즈 세븐 오 세븐

체크인 트러블

:: 예약이 되어 있지 않습니다.
We don't have your reservation.
위 돈 해뷰어 레저베이션

:: 분명히 예약했는데요.
I'm sure I have a reservation.
아임 슈어 아이 해버 레저베이션

:: 확인증 여기 있습니다.
Here is my confirmation.
히어리즈 마이 컨풔메이션

:: 다시 한 번 확인해 주세요.
Would you check again?
우쥬 첵 어게인

:: 뭔가 착오가 생겼군요.
Something must be wrong.
썸씽 머스트 비 렁

예약을 하지 않았을 때

:: 예약하지 않았습니다만.
I don't have a reservation.
아이 돈 해버 레저베이션

:: 빈 방 있습니까?
Do you have a room available?
두 유 해버 룸 어베일러블

:: 죄송합니다만, 모두 예약이 되어 있는데요.
I'm sorry. They're all reserved.
아임 쏘리 데어 올 리저브드

:: 오늘 묵을 수 있습니까?
Can I have a room for tonight?
캔 아이 해버 룸 풔 투나잇

:: 며칠 묵으실 겁니까?
For how many nights?
풔 하우 메니 나잇츠

예약을 하지 않았을 때

:: 3일 동안 머물 겁니다.
I'll be staying three nights.
아일 비 스테잉 쓰리 나잇츠

:: 싱글룸으로 부탁합니다.
I'd like a single room, please.
아이드 라이커 싱글 룸 플리즈

:: 트윈은 하루에 얼마입니까?
What's the rate for a twin room per night?
왓츠 더 레잇 풔러 트윈 룸 퍼 나잇

숙박

:: 아침 식사 포함입니까?
Does the price include breakfast?
더즈 더 프라이스 인클루드 브렉퍼스트

값이 싼 방
cheap room
칩 룸

:: 전망 좋은 방을 부탁합니다.
I want a room with a nice view.
아이 워너 룸 위더 나이스 뷰

숙 박 75

예약을 하지 않았을 때

:: 방은 3층 317호실입니다.
Your room is 317 on the third floor.
유어 룸 이즈 쓰리원세븐 온더 써-드 플로어

:: 좀더 좋은 방은 없습니까?
Do you have anything better?
두 유 해브 애니띵 베러

:: 체크아웃은 몇 시입니까?
What time is check-out?
왓 타임 이즈 첵카웃

:: 짐을 방까지 옮겨줄 수 있습니까?
Could you bring my baggage?
쿠쥬 브링 마이 배기지

:: 귀중품을 보관해 주시겠어요?
Can you keep my valuables?
캔 유 킵 마이 벨류어블즈

:: 룸서비스 요청할 때

:: 룸서비스는 어떻게 요청합니까?
How do I call room service?
하우 두 아이 콜 룸써비스?

:: 룸서비스를 부탁합니다.
Room service, please.
룸써비스 플리즈

:: 아침식사를 주문하고 싶습니다.
I'd like to order breakfast.
아이드 라익 투 오더 브렉풔스트

숙박

:: 무엇을 주문하시겠어요?
What would you like to order?
왓 우쥬 라익 투 오더

:: 토스트와 커피를 부탁합니다.
I'll have toast and coffee.
아일 해브 토우스트 앤 커피

숙 박 77

룸서비스 요청할 때

:: 바로 올려 보내 드리겠습니다.
It'll be right up.
잇일 비 롸잇 업

:: 15분 정도 걸립니다.
It'll take about 15 minutes.
잇일 테익 어바웃 핍티 미닛츠

:: 모닝콜을 부탁하고 싶습니다.
I'd like a wake-up call in the morning.
아이드 라이커 웨이컵 콜 인 더 모닝

:: 몇 시에 해드릴까요?
What time, sir?
왓 타임 써-

:: 아침 6시에 부탁합니다.
Please call me at seven.
플리즈 콜 미 앳 세븐

서비스 시설 이용할 때

:: 인터넷을 사용할 수 있나요?
Can I use the Internet?
캔 아이 유즈 디 인터넷

:: 팩스는 있습니까?
Do you have a fax machine?
두 유 해버 팩스 머신

> 복사기
> duplicator
> 듀플리케이러

:: 식당은 어디에 있습니까?
Where is the dining room?
웨어리즈 더 다이닝 룸

> 자판기
> vending machine
> 벤딩 머신
>
> 선물가게
> gift shop
> 깁트 샵

숙박

:: 아침식사는 몇 시부터 가능합니까?
What time can I have breakfast?
왓 타임 캔 아이 해브 브렉퍼스트

:: 7시부터 9시까지입니다.
From 7:00 to 9:00 A.M.
프럼 세븐 투 나인 에이엠

숙 박 79

서비스 시설 이용할 때

:: 세탁 서비스는 있습니까?
Do you have laundry service?
두 유 해브 런드라이 써비스

| 수선 |
| mend |
| 멘드 |
| 다림질 |
| ironed |
| 아이런드 |

:: 세탁을 부탁드립니다.
I'd like to drop off some laundry.
아이드 라익 투 드러버프 썸 런드라이

:: 이 스커트를 부탁하고 싶습니다.
I'd like to have this skirt washed.
아이드 라익 투 해브 디스 스컷 워시드

| 셔츠 |
| shirt |
| 셧 |

:: 언제 됩니까?
When will it be ready?
웬 위릿 비 뤠디

:: 오늘밤까지 될까요?
Can I have them back by evening?
캔 아이 해브 뎀 백 바이 이브닝

문제가 발생했을 때

:: 화장실 물이 내려가지 않습니다.
The toilet doesn't flush.
더 토일릿 더즌 플러쉬

:: 화장실의 물이 멈추지 않습니다.
The toilet is overflowing.
더 토일릿 이즈 오우버플로우잉

:: 빨리 고쳐주세요.
Could you fix it now?
쿠쥬 픽싯 나우

:: 더운 물이 나오지 않습니다.
There's no hot water.
데어즈 노우 핫 워러

:: 옆 방이 너무 시끄럽네요.
The room next door is very noisy.
더 룸 넥스트 도어 이즈 베리 노이지

숙박

| 비누 soap 소웁 |
| 샴푸 shampoo 쉬앰푸 |
| 수건 towel 타월 |

문제가 발생했을 때

:: 에어컨이 작동되지 않습니다.
The air-conditioner doesn't work.
디 에어컨디셔너 더즌 웍

TV 티브이
switch 스위치

:: 다른 방으로 옮길 수 없을까요?
Could you change my room?
쿠쥬 체인지 마이 룸

:: 방이 좀 춥습니다.
This room is chilly.
디스 룸 이즈 칠리

더운 hot 핫

:: 문이 잠겨버렸습니다.
I have locked myself out of my room.
아이 해브 락트 마이셀프 아우러브 마이 룸

:: 열쇠를 방에 두고 나왔습니다.
I left the key in my room.
아이 렙트 더 키 인 마이 룸

일정을 변경할 때

:: 하루 더 묵을 수 있습니까?
Can I stay one more night?
캔 아이 스테이 원 모어 나잇

:: 하룻밤 더 묵고 싶은데요.
I'd like to stay one more night.
아이드 라익 투 스테이 원 모어 나잇

:: 하루 일찍 떠나고 싶은데요.
I'd like to leave one day earlier.
아이드 라익 투 리브 원 데이 얼리어

:: 일요일까지 숙박을 연장하고 싶은데요.
I'd like to extend my stay until this Sunday.
아이드 라익 투 익스텐드 마이 스테이 언틸 디스 썬데이

:: 오늘 저녁까지 방을 쓸 수 있을까요?
May I use the room till this evening?
메이 아이 유즈 더 룸 틸 디스 이브닝

체크아웃할 때

:: 곧 퇴실하려고 하는데요.
I'm checking out soon.
아임 체킹 아웃 수운

:: 체크아웃 하겠습니다.
I'd like to checkout.
아이드 라익 투 첵카웃

:: 키를 반환하겠습니다.
Here's the key.
히어즈 더 키

:: 신용카드로 계산해도 됩니까?
Do you accept credit cards?
두유 억셒 크레딧 카즈

:: 영수증을 주십시오.
Please give me a receipt.
플리즈 깁미 어 리씻

체크아웃할 때

:: 계산이 잘못된 것 같은데요.
I think there is a mistake on this bill.
아이 띵 데어리즈 어 미스테익 온 디스 빌

:: 택시를 불러주시겠습니까?
Would you please call a taxi?
우쥬 플리즈 콜 어 택시

:: 짐을 맡아 주실 수 있습니까?
Can you keep this baggage for me?
캔 유 킵 디스 배기지 풔 미

:: 6시정도에 가지러 오겠습니다.
I'll come at six or so.
아일 컴 앳 식스 오어 쏘-

:: 방에 물건을 두고 왔습니다.
I left something in my room.
아이 렙트 썸띵 인 마이 룸

호텔에서 사용되는 단어

information	안내
entrance	입구
emergency exit	비상구
cloakroom	보관소
lobby	로비
annex	별관
dining room	식당
coffee shop	커피숍
manager	지배인
cashier	회계
front desk	접수처
doorman	도어맨
bellboy	벨보이
security	경비
wake-up call	모닝콜
room service	룸서비스
laundry service	세탁서비스
Do Not Disturb	방해금지
Employees only	관계자 외 출입금지

여행 TIP

●● 해외로 여행을 갈 때에 가장 신경 쓰이는 부분이 먹거리일 것이다. 값이 너무 비싸거나 입맛에 맞지 않아 고생을 하는 경우가 많이 있으므로 여행을 떠나기 전에 각 나라의 음식정보를 수집하는 것도 잊지 말아야 한다. 부지런히 돌아다녀야 하는 여행지에서 매 끼니를 빵으로 때우다 보면 금방 지쳐서 좋은 여행을 망치게 되고 만다. 기왕에 새로운 문화를 경험하러 떠나는 여행이니 새로운 음식문화도 접해보면 좋을 것이다. 나라마다 할인점이나 저렴한 식당에 관한 정보들을 수집한 후에 각국의 유명한 음식을 한두 가지 맛본다는 생각으로 이용한다면 무리하지 않고도 가능하다.

단, 비싼 돈 지불하고 음식을 먹으면서 후회하지 않으려면 소스와 재료에 대한 정보는 알아두는 것이 좋다. 또 민박 등지에서 한국 음식을 조리해서 먹을 때에는 다른 이들에게 피해가 가지 않도록 주의해야 한다. 우리에겐 없어서는 안 될 최고의 맛과 향이지만 음식 문화가 전혀 다른 이들에게는 불쾌감을 줄 수도 있으니 사전에 양해를 구하도록 하자. 가장 좋은 방법은 그들에게 한국의 맛을 접할 수 있는 기회를 주고 그들이 그것을 기꺼이 즐길 수 있도록 먼저 친구가 되는 것이다.

식당을 찾을 때

:: 가장 좋아하는 음식은 무엇입니까?
What's your favorite dish?
왓츠 유어 훼이버릿 디쉬

:: 특별히 좋아하는 음식이라도 있나요?
Do you care for any particular food?
두 유 케어 풔 애니 파티큘러 풋

:: 저는 식성이 까다롭지 않습니다.
I'm not picky about food.
아임 낫 픽키 어바웃 풋

:: 멕시코 요리 좋아하세요?
Do you like Mexican food?
두 유 라익 멕시칸 풋

:: 저는 뭐든지 먹을 수 있습니다.
I can eat anything.
아이 캐닛 애니띵

중국	Chinese 차이니즈
이탈리아	Italian 이탤리언
한국	Korean 코리언
프랑스	French 프렌치
일본	Japanese 저패니즈

식사

식당을 찾을 때

:: 맛있는 식당을 알려주세요.
Can you suggest a good restaurant?
캔유 써제스터 굿 레스터런트

:: 이곳에서 유명한 음식은 뭔가요?
What's the best food on here?
왓츠 더 베스트풋 온 히어

:: 이 지방의 명물요리를 먹고 싶은데요.
I'd like to have some local food.
아이드 라익 투 해브 썸 로컬 풋

:: 해물요리 집은 어디에 있습니까?
Where is the seafood restaurant?
웨어리즈 더 씨풋 레스터런

:: 그 집은 어떻게 찾아갑니까?
How can I get there?
하우 캔 아이 겟 데어

식당을 찾을 때

:: 뭐 먹고 싶어요?
What do you want to eat?
왓 두 유 워너 잇

:: 이 도시에 괜찮은 식당이 있습니까?
What's a good restaurant in this town?
왓츠 어 굿 레스터런 인 디스 타운

:: 가볍게 식사를 하고 싶은데요.
I'd like to have a light meal.
아이드 라익 투 해버 라잇 밀

:: 제가 안내해 드리지요.
Let me take you there.
렛 미 테익 유 데어

식사

:: 예약이 필요한 곳인가요?
Do we need a reservation?
두 위 니더 레저베이션

식당을 예약할 때

:: 오늘밤 예약하고 싶습니다.
I'd like to make a reservation for tonight.
아이드 라익 투 메이커 레저베이션 풔 투나잇

:: 손님은 몇 분이십니까?
How large is your party?
하우 라지즈 유어 파리

:: 7시에 4명입니다.
Four people at 7 P.M.
풔 삐플 앳 세븐 피엠

> 흡연석
> smoking table
> 스모킹 테이블

:: 금연석으로 부탁합니다.
We'd like a non-smoking table.
위드 라이커 난 스모킹 테이블

:: 복장을 제한합니까?
Do you have a dress code?
두 유 해버 드레스 코드

자리 배정

:: 자리 있습니까?
Do you have a table?
두 유 해버 테이블

:: 예약하셨습니까?
Did you have a reservation?
디쥬 해버 레저베이션

:: 예약을 하지 않았습니다.
We don't have a reservation.
위 돈 해버 레저베이션

:: 어느 정도 기다려야 합니까?
How long do we have to wait?
하우 롱 두 위 해브 투 웨잇

식사

:: 몇 분이십니까?
How many is in your party?
하우 매니 이즈인 유어 파리

자리 배정

:: 저 혼자입니다.
Just myself.
저슷 마이셀프

:: 어떤 자리를 원하십니까?
Which table do you want?
위치 테이블 두 유 원

:: 창가 쪽 자리가 좋겠습니다.
I'd like a table by the window.
아이드 라이커 테이블 바이 더 윈도우

> 조용한 안쪽
> in a quiet corner
> 인어 콰이엇 코너

:: 이쪽 자리에 오세요.
Come over here, please.
컴 오버 히어 플리즈

:: 이쪽입니다.
This way, please.
디스 웨이 플리즈

식사 주문할 때

:: 메뉴를 보여 주세요.
Can I see the menu?
캔 아이 씨 더 메뉴

:: 주문하시겠습니까?
Are you ready to order?
아 유 뤠디 투 오더

:: 조금 있다 주문하겠습니다.
I'll order from you in a minute.
아일 오더 프롬 유 인어 미닛

:: 아직 메뉴를 정하지 못했습니다.
I haven't made up my mind yet.
아이 해븐 메이덥 마이 마인드 옛

:: 또 올 사람이 있습니다.
I'm expecting company.
아임 익스펙팅 컴퍼니

식사

식사 주문할 때

:: 알겠습니다. 나중에 오죠.
I see. I'll be back later.
아이 씨 아일 비 백 레이러

:: 주문 받으세요.
We are ready to order.
위 아 뤠디 투 오더

:: 스테이크 주세요.
Steak, please.
스테익 플리즈

| 스파게티 |
| spaghetti |
| 스파게티 |

:: 저도 같은 걸로 부탁합니다.
Same here, please.
쎄임 히어 플리즈

:: 여기 뭐가 맛있죠?
What's good here?
왓츠 굿 히어

식사 주문할 때

:: 추천요리는 무엇입니까?
What's today's special?
왓츠 투데이즈 스페셜

:: 오늘의 추천요리는 스테이크입니다.
Today's special is steak, sir.
투데이즈 스페셜 이즈 스테익 써 -

:: 좀 급한데요, 뭐가 빨리 되나요?
I'm in a hurry. What comes out fast?
아임 인 어 허뤼 왓 컴즈 아웃 패숫

:: 이것은 무슨 요리입니까?
What kind of dish is this?
왓 카인덥 디쉬즈 디스

:: 주문한 요리가 아직 오지 않습니다.
My order hasn't come yet.
마이 오더 해즌 컴 옛

식사할 때

:: 맛있어 보여요.
It looks delicious.
잇 룩스 딜리셔스

:: 이 음식 이름이 뭡니까?
What is this dish called?
와리즈 디스 디쉬 콜드

:: 요리재료는 무엇입니까?
What are some of the ingredients?
와라 썸 어브 더 인그리디언츠

:: 이것은 맵습니까?
Is this spicy?
이즈 디스 스파이시

:: 맛은 어떻습니까?
How does it taste?
하우 더즈 잇 테이스트

식사할 때

:: 정말 맛있네요.
This is delicious.
디씨즈 딜리셔스

:: 한 그릇 더 주세요.
One more, please.
원 모어 플리즈

:: 잘 먹었습니다.
I really enjoyed the meal.
아이 뤼얼리 엔조이드 더 밀

:: 포크를 떨어뜨렸습니다.
I dropped my fork.
아이 드랍트 마이 포옥

:: 이것 좀 치워주세요.
Take this away, please.
테익 디스 어웨이 플리즈

스푼
spoon
스푼

나이프
knife
나이프

젓가락
chopsticks
찹스틱스

식사

패스트푸드점에서

:: 3번 세트로 주세요.
I'll take the number three.
아일 테익 더 넘버 뜨리

:: 햄버거 두 개 주세요.
I'd like to have two hamburgers.
아이드 라익 투 해브 투 햄벅즈

:: 아이스커피 있습니까?
Do you have an iced coffee?
두 유 해브언 아이스드 커피

:: 리필 되나요?
Can I get a refill?
캔 아이 겟어 뤼필

:: 여기에서 드실 건가요, 포장하실 건가요?
For here or to go?
포 히어 오어 투 고우

| 샌드위치 |
| sandwich |
| 샌드위치 |

핫도그
hot dog
핫 독

비스켓
biscuit
비스킷

도넛
doughnut
도우넛

핫초코
hot chocolate
핫 처콜릿

패스트푸드점에서

:: 포장해 주세요.
To go.
투 고우

:: 여기에서 먹을 거예요.
For here, please.
풔 히어 플리즈

:: 음료는요?
Anything to drink?
애니띵 투 드륑

:: 콜라 부탁합니다.
Coke, please.
콕 플리즈

식사

:: 콜라에 얼음은 빼주세요.
I'd like a coke with no ice.
아이드 라이커 콕 위드 노우 아이스

패스트푸드점에서

:: 어느 사이즈로 하시겠습니까?
Which size would you like?
위치 사이즈 우쥬 라익

:: 큰 컵으로 콜라 두 개 주세요.
Two large cokes, please.
투 라지 콕스 플리즈

| 중간 |
| medium |
| 미디엄 |
| |
| 작은 |
| small |
| 스몰 |

:: 얼음 많이 넣어주세요.
A lot of ice, please.
어 라러브 아이스 플리즈

:: 햄버거와 튀긴 감자를 싸 주세요.
A hamburger and French fries to go.
어 햄벅 앤 프렌치 프라이즈 투 고우

:: 5분정도 걸리니, 잠시만 기다려 주세요.
It takes five minutes. Wait a minute.
잇 테익스 파이브 미닛츠 웨이러 미닛

술집에서

:: 가벼운 술이 좋겠습니다.
I'd like a light alcohol.
아이드 라이커 앨커올

:: 생맥주 두 잔 주세요.
Two glasses of draft beer, please.
투 글래시저브 드랩트 비어 플리즈

:: 맥주는 어떤 종류가 있나요?
What kind of beer do you have?
왓 카인덥 비어 두 유 해브

:: 맥주 한 병 주십시오.
A bottle of beer, please.
어 보를 어브 비어 플리즈

식사

:: 와인목록 있습니까?
Do you have a wine list?
두 유 해버 와인 리스트

술집에서

:: 한 병 더 주시겠습니까?
May I have another one?
메이 아이 해브 어나더 원

:: 글라스로 주문됩니까?
Can I order it by the glass?
캔 아이 오더릿 바이 더 글래스

:: 이 지방의 특유의 술입니까?
Is it a local alcohol?
이짓 어 로컬 앨커올

:: 뭘 위해 건배할까요?
What shall we drink to?
왓 쉘 위 드링 투

:: 모두의 건강을 위하여, 건배!
To everyone's health, cheers!
투 에브리원스 헬스 취어스

:: 계산할 때

:: 선불입니다.
You have to pay in advance.
유 해브 투 페이 인 에드벤스

:: 계산해 주세요.
Please let me have the bill.
플리즈 렛미 해브더 빌

:: 각자 지불로 합시다.
Let's go Dutch.
렛츠 고우 더치

:: 제 몫은 얼마입니까?
How much is my share?
하우 머치즈 마이 쉐어

식사

:: 제가 내겠습니다.
I'll take care of the bill.
아을 테익케업 더 빌

식사 105

🔖 스프와 양념

콩소메	consomme	칸서메이
야채스프	vegetable soup	베지터블 숩
완두콩 스프	pea soup	피숩
고기스프	meat soup	밋숩
토마토 스프	tomato soup	터메이토우 숩
마요네즈	mayonnaise	메이어네이즈
마아가린	margarine	마져린
소스	dressing	드레싱
버터	butter	버터
조미료	seasoning	씨즈닝
설탕	sugar	슈거
소금	salt	썰트
식초	vinegar	비니거
간장	soy sauce	쏘이 소스
겨자	mustard	머스터드
케첩	ketchup	케첩
후추	pepper	페퍼
고추	red pepper	레드페퍼
마늘	garlic	갈릭

여행 TIP

●●유럽여행의 경우 대개 철도를 이용하여 움직이는 경우가 많다. 영국을 제외한 대부분의 나라에서 유레일패스가 통용되기 때문에 웬만한 곳은 기차를 이용해서 다닐 수 있다. 유레일패스는 유럽에서는 구입할 수 없으므로 국내에서 준비해 가야 한다. 시내에서 이동할 때는 시내 지도를 참고하여 편리한 교통 수단을 이용하면 된다.

유레일패스가 통용되지 않는 영국에서는 저렴하고 편리한 코치(시외버스)를 이용하는 것이 좋다. 런던의 대표적인 빅토리아 코치 스테이션은 유로라인은 물론 캠브리지, 옥스퍼드, 에딘버러 등 외곽의 도시와도 연결이 잘 되어 있다. 영국내의 모든 버스요금의 30% 할인을 받을 수 있는 Student Coach Card는 학생증과 사진 1장만 있으면 누구나 만들 수 있다. 발급은 National Express 사무소에서 받으면 된다.

●●지하철은 상대적으로 우리나라의 지하철이 깨끗하고 편리한 편이지만 파리와 로마는 메트로 지하철 잘 발달되어 있고 주요 관광지와도 연결되어 있어 이용하기에 좋다. 이외에 스위스는 트램(노면전차)과 버스를 이용할 수 있는 플렉시 패스가 있고, 베네치아는 바포레토(수상버스) 1일 패스 등이 있다. 나라마다 여행객의 편의를 위한 다양한 교통패스가 나와 있으므로 그것들을 활용하면 된다.

길을 물을 때

:: 실례합니다만 좀 여쭙겠습니다.
Excuse me. I have a question.
익스큐즈 미 아이 해버 퀘스천

:: 길 좀 가르쳐 주실래요?
Can I get some directions?
캔 아이 겟 썸 디렉션스

:: 바티칸 박물관은 어떻게 갑니까?
How can I get to the Vatican Museum?
하우 캔 아이 겟 투더 바티컨 뮤지엄

:: 여기서 가깝습니까?
Is it near here?
이짓 니어 히어

:: 어느 정도 걸립니까?
How long does it take?
하우 롱 더짓 테익

교통

길을 물을 때

:: 걸어서 갈 수 있는 거리입니까?
Can I walk there?
캔 아이 웍 데어

:: 걸어서 몇 분 걸립니까?
How many minutes walking?
하우 메니 미닛츠 워킹

:: 곧장 가십시오.
Go straight.
고우 스트레잇

:: 저기서 오른쪽으로 도세요.
Turn right there.
턴 롸잇 데어

| 왼쪽 |
| left |
| 렙트 |

:: 지도를 그려줄 수 있습니까?
Could you draw a map for me?
쿠쥬 드로워 맵 풔 미

길을 물을 때

:: 길을 잃어버렸습니다.
I got lost on my way.
아이 갓 로스트 온 마이 웨이

:: 여기가 어딘가요?
Where are we?
웨어라 위

:: 지금 있는 장소는 이 지도의 어디입니까?
Where am I on this map?
웨어 엠 아이 온 디스 맵

:: 여기는 무슨 거리입니까?
What street is this?
왓 스트릿 이즈 디스

:: 역으로 가는 길 좀 가르쳐 주시겠어요?
Would you show me the way to the station?
우쥬 쇼우미 더 웨이 투 더 스테이션

교통

버스를 이용할 때

:: 버스정류장은 어디입니까?
Where is the bus stop?
웨어리즈 더 버스탑

:: 여기서 가까운 버스정류장은 어디에 있습니까?
Where is the nearest bus stop?
웨어리즈 더 니어리스트 버스탑

:: 빅토리아 코치 스테이션은 어디입니까?
Where is the Victoria Coach Station?
웨어리즈 더 빅토리아 코우치 스테이션

:: 그리니치 행 버스는 어디에서 탑니까?
Where can I get the bus to Greenwich?
웨어 캔 아이 겟 더 버스 투 그리니치

:: 몇 번 버스를 타면 됩니까?
What number bus should I take?
왓 넘버 버스 슈다이 테익

버스를 이용할 때

:: 바티칸 박물관 행 버스는 몇 번입니까?
Which bus goes to the Vatican Museum?
위치 버스 고우즈 투 더 바티컨 뮤지엄

:: 64번을 타세요.
Take Number 64.
테익 넘버 식스티포

:: 버스는 몇 분마다 있습니까?
How often do the buses run?
하우 오픈 두 더 버시즈 런

:: 10분마다 있습니다.
Every 10 minutes.
에브리 텐 미닛츠

:: 표는 어디에서 살 수 있습니까?
Where can I buy a ticket?
웨어 캔 아이 바이 어 티킷

교통

버스를 이용할 때

:: 요금은 얼마입니까?
How much is the fare?
하우 머치즈 더 페어

:: 여기가 버스 기다리는 줄인가요?
Is this the line for the bus?
이즈 디스 더 라인 풔 더 버스

:: 이 버스는 버밍엄 행입니까?
Is this for Birmingham?
이즈 디스 풔 버밍엄

:: 얼마나 걸립니까?
How long does it take?
하우 롱 더짓 테익

:: 여기서 몇 정거장이에요?
How many stops before I get off?
하우 매니 스탑스 비포어 아이 게러프

버스를 이용할 때

:: 어디서 내려야 할지 알려주시겠습니까?
Could you tell me where to get off?
쿠쥬 텔미 웨어투 겟오프

:: 다음에서 내리세요.
Get off at the next stop.
게러프 앳 더 넥스탑

:: 이 버스는 스톤헨지 앞에 서나요?
Does this bus stop at Stonehenge?
더즈 디스 버쓰탑 앳 스톤헨지

:: 아니요. 19번 버스를 타세요.
No, it doesn't. You need to take number 19.
노우 잇 더즌 유 니드 투 테익 넘버 나인틴

:: 길 건너편에서 40번 버스를 타세요.
Take bus number 40 on the other side.
테익 버스 넘버 포어리 온 디 아더 사이드

교통

지하철을 이용할 때

:: 지하철역은 어디에 있습니까?
Where is the subway station?
웨어리즈 더 썹웨이 스테이션

:: 지하철 노선도를 구할 수 있습니까?
Can I get a subway map?
캔 아이 겟어 서브웨이 맵

:: 지하철로 그 곳에 갈 수 있습니까?
Can I take the subway there?
캔 아이 테익 더 썹웨이 데어

:: 표는 어디에서 살 수 있습니까?
Where can I buy a ticket?
웨어 캔 아이 바이 어 티킷

:: 자동매표기는 어디에 있습니까?
Where is the ticket machine?
웨어리즈 더 티킷 머신

지하철을 이용할 때

:: 이 자동매표기 사용법을 가르쳐 주시겠습니까?
Will you show me how to use this vending machine?
윌류 쇼우미 하우 투 유즈 디스 벤딩 머신

:: 먼저 돈을 넣고, 이 금액의 버튼을 누르십시오.
Put the money in and press this button.
풋 더 머니 인 앤 프레스 디스 버튼

:: 센트럴 파크에 가려면 몇 호선을 타면 됩니까?
Which line should I take to go to Central Park?
위치 라인 슈다이 테익 투 고우 투 센트럴 팍

:: 3호선을 타세요. 초록색라인이에요.
Line three, the green line.
라인 쓰리 더 그린 라인

:: 어디서 3호선으로 갈아탈 수 있나요?
Where can I transfer to line 3?
웨어 캔 아이 트랜스퍼 투 라인 쓰리

교통

지하철을 이용할 때

:: Acton Town에서 초록색 라인으로 갈아타세요.
You should transfer to the green line at Acton Town.
유 슏 트랜스퍼 투 더 그린 라인 앳 액턴 타운

:: 이 지하철은 에펠탑에 갑니까?
Is this for the Effel Tower?
이즈 디스 풔 디 에펠 타워

:: 서쪽 출구는 어느 쪽입니까?
Where is the west way out?
웨어리즈 더 웨스트 웨이 아웃

:: 센트럴 파크 역은 몇 번째입니까?
How many stops are there to Central Park station?
하우 매니 스탑스 아 데어 두 센트럴 팍 스테이션

:: 다음이 센트럴 파크 역입니까?
Is the next stop Central Park station?
이즈 더 넥스탑 센트럴 팍 스테이션

동쪽 east 이스트	
남쪽 south 싸우쓰	
북쪽 north 노우쓰	

:: 기차를 이용할 때

:: 이 패스로 탈 수 있나요?
Can I use this card?
캔 아이 유즈 디스 카드

:: 보스턴 가는 표를 주십시오.
I'd like a ticket to Boston.
아이드 라이커 티킷 투 보스턴

:: 샌디에이고까지 왕복 2장 주십시오.
Two roundtrip tickets to San Diego, please.
투 라운드트립 티키츠 투 샌디에이고 플리즈

| 편도 |
| one way |
| 원 웨이 |

:: 급행열차가 샌디에이고 역에서 섭니까?
Does the express train stop in San Diego?
더즈 디 익스프레스 트레인 스탑 인 샌디에이고

:: 급행으로 부탁합니다.
Tickets on the express, please.
티키츠 온 디 익스프레스 플리즈

교 통

기차를 이용할 때

:: 더 이른 열차 있습니까?
Do you have an earlier train?
두 유 해번 얼리어 트레인

:: 첫 차로 주세요.
I'd like the first train, please.
아이드 라익 더 풔스트레인 플리즈

:: 마지막 열차 시간이 어떻게 됩니까?
What time does the last train leave?
왓 타임 더즈 더 라스트레인 리브

:: 포틀랜드 가는 기차는 몇 번 선에서 출발합니까?
What track does the train for Portland leave from?
왓 트랙 더즈 더 트레인 풔 포틀랜드 리브 프럼

:: 그건 7번 선에서 출발합니다.
It will leave from track No. 7.
잇윌 리브 프럼 트랙 넘버 세븐

기차를 이용할 때

:: 이곳이 보스턴 행 승강구가 맞나요?
Is this the right platform for Boston?
이즈 디스 더 롸잇 플래폼 풔 보스턴

:: 건너편입니다.
It's across the platform.
잇츠 어크로스 더 플랫폼

:: 이 열차 맞습니까?
Is this my train?
이즈 디스 마이 트레인

:: 멤피스까지 몇 시간 걸립니까?
How many hours to Memphis?
하우 매니 아워즈 투 멤피스

:: 여기에서부터 몇 번째 역입니까?
How many stops from here?
하우 매니 스탑스 프롬 히어

교통

택시를 이용할 때

:: 택시 승강장은 어디입니까?
Where's the taxi stand?
웨어즈 더 택시 스탠드

:: 택시를 불러주시겠습니까?
Would you please call a taxi?
우쥬 플리즈 콜 어 택시

:: 어디까지 가십니까?
Where to, sir?
웨어 투 써

:: 프린스호텔까지 부탁드립니다.
Prince hotel, please.
프린스 호텔 플리즈

:: 제가 급하니 빨리 가 주세요.
I'm in a hurry. Step on it.
아임 인어 허뤼 스텝오닛

택시를 이용할 때

:: 가장 가까운 길로 가 주세요.
Take the shortest way, please.
테익 더 쇼티스트 웨이 플리즈

:: 이 주소로 가주십시오.
Take me to this address, please.
테익 미 투 디스 어드레스 플리즈

:: 저기 건물 앞에 세워주세요.
Stop in front of that building, please.
스탑 인 프런터브 댓 빌딩 플리즈

:: 여기에서 오른쪽으로 돌아주세요.
Turn right here, please.
턴 롸잇 히어 플리즈

:: 다음 신호에서 세워주세요.
Please stop at the next light.
플리즈 스탑 앳 더 넥스트 라잇

교통

택시를 이용할 때

:: 여기에서 세워주세요.
Stop here, please.
스탑 히어 플리즈

:: 얼마입니까?
How much do I owe you?
하우 머치 두 아이 오우유

:: 영수증 필요하십니까?
Do you need a receipt?
두 유 니더 리씻

:: 영수증 주십시오.
Please give me a receipt.
플리즈 깁미 어 리씻

:: 거스름돈은 됐습니다.
Keep the change.
킵 더 체인지

렌터카를 이용할 때

:: 어디서 차를 빌릴 수 있습니까?
Where can I rent a car?
웨어 캔 아이 렌터 카

:: 차를 1대 빌리고 싶습니다.
I'd like to rent a car.
아이드 라익 투 렌터 카

:: 어떤 차가 있습니까?
What kind of cars do you have?
왓 카인덥 카즈 두 유 해브

> 스포츠카
> sports car

:: 소형차를 부탁합니다.
I'm looking for a compact car.
아임 룩킹 풔러 컴팩(트) 카

:: 저는 오토매틱만 운전할 수 있습니다.
I can only drive an automatic.
아이 캔 온리 드라이번 어러매릭

렌터카를 이용할 때

:: 요금은 하루 얼마입니까?
What's the charge per day?
왓츠 더 챠지 퍼 데이

:: 보험은 포함되어 있습니까?
Does the price include insurance?
더즈 더 프라이스 인클루드 인슈어런스

:: 차를 보고 싶습니다만.
Can you show me a car?
캔 유 쇼우 미 어 카

일주일
a week
어 윅

:: 이틀 동안 이 차를 빌리고 싶습니다.
I'd like to rent this car for 2 days.
아이드 라익 투 렌트 디스 카 풔 투 데이즈

:: 선불이 필요합니까?
Do I need a deposit?
두 아이 니더 디파짓

렌터카를 이용할 때

:: 보증금은 얼마입니까?
How much is the deposit?
하우 머치즈 더 디파짓

:: 도로 지도를 갖고 싶습니다.
May I have a road map?
메이 아이 해버 로드 맵

:: 여기에 주차할 수 있습니까?
Can I park here?
캐나이 팍 히어

:: 차가 움직이지 못하게 되었습니다.
The car broke down.
더 카 브록 다운

:: 근처에 수리 공장이 있습니까?
Is there an auto repair shop nearby?
이즈 데어 언 오로 리페어 샵 니어바이

주유소에서

:: 주유소는 어디입니까?
Where's the gas station?
웨어즈 더 갯스테이션

:: 20리터 넣어 주세요.
20 liters, please.
투웨니 리터즈 플리즈

:: 가득 넣어 주세요.
Fill it up, please.
피리럽 플리즈

:: 가스가 떨어졌습니다.
I'm all out of gas.
아임 올 아우러브 개스

:: 배터리를 충전해 주세요.
Please charge the battery.
플리즈 차지 더 배러리

여행 TIP

●● 새로운 도시에 도착하면 가장 먼저 여행정보센터(Tourist Information Center : TIC)를 찾는다. 여행정보센터에서는 외국인 관광객을 위한 무료 팸플릿과 지도, 여행정보 등을 얻을 수 있다. 박물관이나 미술관을 방문할 예정이라면 개관시간과 휴무여부를 사전에 점검하는 것도 잊지 말아야 한다. 수많은 관광지를 다 둘러보려면 시간이나 입장료가 만만치 않으므로 자신의 여행목적에 맞게 계획을 잘 세워 선별방문을 하는 것이 중요하다. 또한 관내에 입장할 때에만 입장료를 받는 곳도 있고 주변 경관을 감상하는 것만으로도 훌륭한 관광이 되는 경우도 있으므로 꼭 필요한 입장권만 구입하도록 하자. 또한 대부분 관내에서는 사진촬영이 금지되어 있으므로 주의해야 한다.

∷ 관광안내소에서

관광

∷ 관광 안내소는 어디에 있습니까?

Where is the tourist information center?

웨어리즈 더 투어리스트 인풔메이션 센터

∷ 한국어 팸플릿 있습니까?

Do you have a Korean language brochure?

두 유 해버 코리언 랭기쥐 브로슈어

∷ 시내 지도 있습니까?

Do you have a city map?

두 유 해버 시티 맵

∷ 번화한 곳에 가보고 싶습니다.

I want to go downtown.

아이 워너 고우 다운타운

∷ 관광코스를 추천해 주시겠습니까?

Can you recommend a sightseeing tour?

캔 유 레커멘더 싸잇씽 투어

관광안내소에서

:: 이 도시에서 꼭 가봐야 하는 관광지는 어디인가요?
What should I see in this city?
왓 슈다이 씨 인 디스 시티

:: 버킹검 궁전입니다.
The Buckingham Palace.
더 버킹검 팰리스

:: 그것은 이 지도의 어디입니까?
Where is it on this map?
웨어즈 잇 온 디스 맵

:: 시내 관광이 있습니까?
Do you have any city tours?
두 유 해브 애니 시티 투어즈

:: 반나절코스와 하루코스가 있습니다.
There's a half-day tour and a full-day tour.
데어즈 어 해프 데이 투어 앤 어 풀 데이 투어

∷ 관광안내소에서

관광

:: 출발은 어디에서 합니까?
Where does it start?
웨어 더짓 스타트

:: 몇 시에 출발하나요?
What time does the tour begin?
왓 타임 더즈 더 투어 비긴

:: 한국어 가능한 가이드가 있습니까?
Are there any Korean-speaking guides?
아 데어 애니 코리언 스피킹 가이드즈

:: 여기서 표를 살 수 있습니까?
Can I buy a ticket here?
캔 아이 바이 어 티킷 히어

:: 할인 티켓 있나요?
Do you have some discount tickets?
두 유 해브 썸 디스카운트 티킷츠

:: 자전거를 빌릴 때

:: 어디서 자전거를 빌릴 수 있습니까?
Where can I rent a bicycle?
웨어 캔 아이 렌터 바이시클

:: 자전거를 1대 빌리고 싶습니다.
I'd like to rent a bicycle.
아이드 라익 투 렌터 바이시클

:: 자전거를 3시간 빌리고 싶습니다.
I'd like to rent a bicycle for three hours.
아이드 라익 투 렌터 바이시클 풔 쓰리 아워즈

:: 요금은 한 시간에 얼마입니까?
What's the charge per hour?
왓츠 더 촤지 퍼 아워

:: 보증금은 얼마입니까?
How much is the deposit?
하우 머치즈 더 디파짓

∷ 표를 구입할 때

∷ 매표소는 어디입니까?
Where is the ticket booth?
웨이리즈 더 티킷 부스

∷ 입장료는 얼마입니까?
How much is the admission?
하우 머치즈 디 어드미션

∷ 어른 두 장 주세요.
Two adults, please.
투 어덜츠 플리즈

∷ 대학생은 할인됩니까?
Do you offer student discounts?
두 유 어퍼 스튜던 디스카운츠

∷ 단체할인은 있습니까?
Do you have a group discount?
두 유 해버 그룹 디스카운트

:: 표를 구입할 때

:: 안내서를 얻을 수 있습니까?
Can I have a guide book?
캔 아이 해버 가이드 북

:: 둘러보는 데 얼마나 걸립니까?
How long will it take to look around?
하우 롱 윌릿 테이크 투 룩 어라운드

:: 기념품은 어디에서 팝니까?
Where is the souvenir shop?
웨어리즈 더 수버니어 샵

:: 출구는 어디입니까?
Where is the exit?
웨어리즈 더 에그짓

| 입구 |
| entrance |
| 엔터런스 |

:: 재입관할 수 있습니까?
Can I reenter?
캔 아이 뤼엔터

:: 관람할 때

:: 저것은 무엇입니까?
What is that?
와리즈 댓

:: 저건 무슨 산입니까?
What is the name of that mountain?
와리즈 더 네임 어브 댓 마운틴

:: 이 건물은 왜 유명합니까?
What's this building famous for?
와츠 디스 빌딩 페이머스 풔

:: 언제 세워졌습니까?
When was it built?
웬 워짓 빌트

:: 웅장하군요!
That's magnificent!
댓츠 매그니피선

:: 관람할 때

:: 박물관은 몇 시에 닫습니까?
When does the museum close?
웬 더즈 더 뮤지엄 클로즈

:: 내부를 볼 수 있습니까?
Can I take a look inside?
캔 아이 테이커 룩 인사이드

:: 들어가는 데 돈이 듭니까?
Is there a charge for admission?
이즈 데어러 촤지 풔 어드미션

:: 티켓은 어디에서 삽니까?
Where can I buy a ticket?
웨어 캔 아이 바이 어 티킷

:: 무료 팸플릿은 있습니까?
Do you have a free brochure?
두 유 해버 프리 브로슈어

:: 사진을 찍을 때

:: 이곳에서 사진을 찍어도 됩니까?
May I take a picture here?
메이 아이 테이커 픽처 히어

:: 관내에서 사진을 찍어도 됩니까?
May I take a picture inside?
메이 아이 테이커 픽처 인사이드

:: 실내에서 촬영은 금지되어 있습니다.
Picture-taking is prohibited inside.
픽처 테이킹 이즈 프로히빗티드 인사이드

:: 저랑 같이 사진 찍으실래요?
Could you take a picture for me?
쿠쥬 테이커 픽처 풔 미

:: 당신을 찍어도 될까요?
May I take your picture?
메이 아이 테익 유어 픽처

:: 사진을 찍을 때

:: 미안하지만, 사진을 찍어주시겠습니까?
Excuse me. Will you take a picture of me?
익스큐즈 미 윌 유 테이커 픽처럽 미

:: 셔터 좀 눌러주세요.
Please press the shutter for me.
플리즈 프레스 더 셔터 풔 미

:: 이 버튼만 누르시면 됩니다.
Just press this button.
저슷 프레스 디스 버튼

:: 찍습니다. "치즈" 하세요.
Are you ready? Say "Cheese".
아 유 뤠디 쎄이 치즈

:: 한 장 더 부탁합니다.
One more, please.
원 모어 플리즈

여행 TIP

●●유럽에서는 일정금액 이상의 물건을 구입하면 면세점이 아니라 해도 부가가치세를 환급 받을 수 있다. 부가가치세는 자국민에게만 부과되는 세금이기 때문에 외국인들은 구입한 물건을 자국으로 반출해 간다는 조건으로 부가가치세를 돌려주는 것이다. 따라서 물건 구입 후 3~6개월 이내에 출국을 하면 부가세 환불이 가능하다.

●●부가세를 환불 받기 위해서는 쇼핑을 한 번에 한 가게에서 하는 것이 유리하다. 부가세 환급매장 마크(TAX FREE FOR SHOPPING)가 있는 매장에 들어가거나 물건을 사기 전에 부가세 환급이 가능한지를 먼저 물어보는 것이 좋다. 물건을 구입한 후 점원에게 Tax Refund를 요구하면 해당 서류를 준다. 완성한 서류 중 2장의 서류와 우편봉투를 받아서 챙겨두었다가 출국시 세관에서 물건들을 보여주고 구입한 물건을 반출한다는 도장을 두 장의 서류에 받는다. 한 장은 본인 보관용이고 다른 한 장은 출국했다는 증명으로 매장에서 받은 우편봉투에 넣어 돌려보내야 한다. 부가세 환급은 본인이 지정한 카드로 받을 수도 있고, 직접 공항에서 현금으로 받을 수도 있고, 세금을 제한 가격으로 물건을 구입할 수도 있다. 현금으로 받는 경우 세금 환불 창구(Cash Refund)에 가서 영수증을 보여 주면 되고, 귀국 후 한국의 환급소에서 받을 수도 있다.

상점을 찾을 때

:: 근처에 백화점이 있습니까?
Is there a department store nearby?
이즈 데어러 디팟먼 스토어 니어바이

:: 할인점은 어디에 있습니까?
Where's the discount shop?
웨어즈 더 디스카운트 샵

쇼핑

> 편의점
> convenience store
> 컨베니언 스토어

:: 개점시간은 몇 시입니까?
What time do you open?
왓 타임 두 유 오픈

:: 몇 시에 문을 닫습니까?
What time do you close?
왓 타임 두 유 클로즈

:: 전자제품코너는 어디입니까?
Where's the electric appliances corner?
웨어즈 더 일렉트릭 어플라이언시즈 코너

쇼 핑 143

✤ 상점을 찾을 때

:: 여성복 매장은 어디에 있나요?
Where is the women's wear?
웨어리즈더 위민즈 웨어

:: 이 건물에 스포츠 용품점이 있습니까?
Is there a sporting goods store in this building?
이즈 데어러 스포팅 굿즈 스토어 인 디스 빌딩

:: 이 백화점에 서점이 있습니까?
Is there a bookstore in this department store?
이즈 데어러 북스토어 인 디스 디팟먼 스토어

:: 몇 층에 식당가가 있습니까?
On which floor is the food court?
온 위치 플로어 이즈 더 푸드 코트

:: 에스컬레이터가 어디에 있는지 보이질 않는군요.
I can't find the escalator.
아이 캔 파인 디 에스컬레이터

:: 물건을 찾을 때

:: 손님, 무엇을 도와드릴까요?
May I help you, sir?
메이 아이 헬퓨 써-

:: 뭘 찾으십니까?
What are you looking for?
와라유 룩킹 풔

쇼핑

:: 그냥 보는 거예요.
I'm just looking around.
아임 저슷 룩킹 어라운드

:: 향수 좀 보여 주세요.
Show me the perfume, please.
쇼우 미 더 퍼퓸 플리즈

| 면도기 |
| razor |
| 레이저 |

:: 저것을 보여 주세요.
Please show me that.
플리즈 쇼우 미 댓

쇼핑 145

❖ 물건을 찾을 때

:: 여기 잠깐 봐 주시겠어요?
Hello. Can you help me?
헬로우 캔 유 헬프 미

:: 아버지 선물을 찾고 있어요.
I'm looking for a gift for my father.
아임 룩킹 풔러 깁트 풔 마이 퐈더

:: 남성용 화장품을 보고 싶습니다.
I'd like to see men's cosmetics.
아이드 라익 투 씨 멘스 카즈메틱스

:: 죄송합니다. 남성용은 취급하지 않습니다.
Sorry. We don't carry men's items.
쏘리 위 돈 캐리 멘스 아이템즈

:: 어디에서 살 수 있습니까?
Where can I buy it?
웨어 캔 아이 바이 잇

∷ 물건을 고를 때

∷ 좀 봐도 될까요?
May I see it?
메이 아이 씨 잇

∷ 어떤 종류를 찾고 계신가요?
What kind are you looking for?
왓 카인다 유 룩킹 풔

∷ 특별히 찾는 게 있습니까?
Is there anything special that you're looking for?
이즈 데어 애니띵 스페셜 댓 유어 룩킹 풔

∷ 어떤 스타일을 찾으세요?
What kind of style are you looking for?
왓 카인덥 스타일 아 유 룩킹 풔

∷ 이것은 어떠세요?
How do you like this one?
하우 두 유 라익 디스 원

물건을 고를 때

:: 손님한테 어울릴 것 같은데요.
I think it'll look good on you.
아이 띵 이딜 룩 굿 온 유

:: 이건 좀 너무 화려하군요.
This is too flashy.
디씨즈 투 플래쉬

:: 이것보다 수수한 것을 원합니다만.
I'd like a plainer one.
아이드 라이커 플레이너 원

:: 다른 걸 보여 드릴까요?
May I show you anything else?
메이 아이 쇼우 유 애니띵 엘스

스타일
style
스따일

:: 다른 디자인으로 보여 주세요.
Please show me another design.
플리즈 쇼우 미 어나더 디자인

물건을 고를 때

:: 이거 어울립니까?
Do I look good in this?
두 아이 룩 굿 인 디스

:: 입어 봐도 됩니까?
Could I try it on?
쿠다이 트라이딧 온

:: 사이즈가 얼마죠?
What's your size?
왓츠 유어 사이즈

:: 스몰사이즈입니다.
I wear size small.
아이 웨어 사이즈 스몰

:: 한 번 입어 보세요.
Please try it on.
플리즈 트라이딧 온

쇼핑 149

물건을 고를 때

:: 탈의실이 어디죠?
Where's the fitting room?
웨어즈 더 퓌팅 룸

:: 잘 맞아요.
It fits me well.
잇 퓌츠 미 웰

:: 너무 끼이네요.
It's too tight.
잇츠 투 타잇

크네요
big
빅

:: 좀 더 큰 사이즈 있습니까?
Do you have a bigger one?
두 유 해버 비거 원

:: 죄송합니다만, 사이즈는 이거 하나입니다.
Sorry. It's the only size.
쏘리 잇츠 디 온리 사이즈

물건을 고를 때

:: 어떤 색깔을 원하세요?
What color do you want?
왓 컬러 두 유 원

:: 빨강과 파랑, 어느 것이 좋으십니까?
Which do you like better, red or blue?
위치 두 유 라익 베러 레드 오어 블루

:: 다른 색상으로 보여 주세요.
Please show me another color.
플리즈 쇼우 미 어나더 컬러

:: 이 색은 좋아하지 않습니다.
I don't like this color.
아이 돈 라익 디스 컬러

:: 만져 봐도 됩니까?
Can I feel this one?
캔 아이 필 디스 원

✤ 물건을 고를 때

:: 감은 실크입니까?
Is the fabric silk?
이즈 더 패브릭 실크

:: 이 가죽 진짜입니까?
Is this genuine leather?
이즈 디스 제뉴인 레더

:: 이것은 프랑스제입니까?
Is this made in France?
이즈 디스 메이드 인 프랑스

:: 어느 나라에서 만들어진 것입니까?
Where was this made?
웨어 워즈 디스 메이드

:: 소재는 무엇입니까?
What's this made of?
왓츠 디스 메이덥

:: 물건을 고를 때

:: 디지털 카메라를 보여 주세요.
Show me the digital camera, please.
쇼우 미 더 디지털 캐머러 플리즈

:: 노트북을 보여 주세요.
Show me the notebook computer, please.
쇼우 미 더 노트북 컴퓨러 플리즈

쇼핑

:: 이것이 최신 상품인가요?
Is this the latest thing?
이즈 디스 더 레이티스트 띵

:: 이것은 인기상품입니다.
This is the most popular brand.
디스 이즈 더 모스트 파퓰러 브랜드

:: 이것은 어느 메이커(회사 제품)입니까?
What brand is this?
왓 브랜드 이즈 디스

쇼 핑 153

물건을 고를 때

:: 질은 괜찮습니까?
Is the quality good?
이즈 더 퀄리티 굿

:: 보증(A/S)은 얼마나 됩니까?
How long is the warranty?
하우 롱 이즈 더 워런티

:: 다른 제품도 보여 주세요.
Show me another one, please.
쇼우 미 어나더 원 플리즈

:: 좀더 좋은 것으로 보여 주세요.
Please show me a better one.
플리즈 쇼우 미 어 베러 원

:: 좀더 싼 것을 보여 주세요.
Please show me a cheaper one.
플리즈 쇼우 미 어 치퍼 원

면세점에서

:: 면세점에 가고 싶습니다.
I'd like to go to the duty free shop.
아이드 라익 투 고우 투 더 듀티 프리 샵

:: 면세점은 어디에 있습니까?
Where's the duty free shop?
웨어즈 더 듀티 프리 샵

:: 얼마까지 면세가 됩니까?
How much duty free can I buy?
하우 머치 듀티 프리 캔 아이 바이

:: 이 가게에서는 면세로 살 수 있습니까?
Can I buy things duty free here?
캔 아이 바이 띵스 듀티 프리 히어

:: 부가세 환급을 받을 수 있나요?
Can I get a tax refund?
캔 아이 게러 택스 리펀

면세점에서

:: 전부 얼마입니까?
How much is it altogether?
하우 머치 이짓 올투게더

:: 좀 비싸군요.
It's awfully expensive.
잇츠 어펄리 익스펜시브

:: 세금이 포함된 가격입니까?
Does the price include tax?
더즈 더 프라이스 인클루드 택스

:: 카드로 지불해도 되죠?
May I use a credit card?
메이 아이 유즈 어 크레딧 카드

:: 죄송합니다. 현금만 받습니다.
Sorry. We only take cash.
쏘리 위 온리 테익 캐쉬

물건을 계산할 때

:: 좀 싸게 해 주실 수 없나요?
Could you give a discount?
쿠쥬 기버 디스카운트

:: 할부로 살 수 있습니까?
Can I pay in installments?
캔 아이 페이 인 인스톨먼츠

:: 계산이 틀리지 않았습니까?
Isn't this bill wrong?
이즌 디스 빌 렁

:: 거스름돈이 모자라는 같은데요.
I think I was short changed.
아이 띵카이 워즈 숏 췌인쥐드

:: 영수증 주십시오.
Please give me a receipt.
플리즈 깁미 어 리씻

포장·배송을 원할 때

:: 포장해 주시겠어요?
Can you wrap this up?
캔 유 랩 디스 업

:: 이것들을 따로따로 싸 주십시오.
Please wrap them separately.
플리즈 랩 뎀 세퍼레이틀리

:: 배달 가능합니까?
Can I have this delivered?
캔 아이 해브 디스 딜리버드

:: 주소를 여기에 써 주세요.
Please write your address here.
플리즈 롸잇 유어 어드뤠스 히어

:: 더 큰 백 있나요?
Do you have any bags a little bit bigger?
두 유 햅애니 백스 어 리를 빗 비거

:: 교환·반품을 원할 때

:: 교환해 주세요.
I'd like to get a refund on this.
아이드 라익 투 게러 뤼펀드 온 디스

:: 반품해 주세요.
I'd like to return this.
아이드 라익 투 뤼턴 디스

쇼핑

:: 작동되지 않습니다.
It's not working properly.
잇츠 낫 워킹 프로펄리

:: 긁힌 자국이 있습니다.
There's a scratch here.
데어즈 어 스크래치 히어

:: 얼룩이 있습니다.
There's a stain here.
데어즈 어 스테인 히어

쇼핑 159

교환·반품을 원할 때

:: 치수를 바꿀 수 있나요?
Can I change the size?
캔 아이 체인지 더 사이즈

:: 다른 것으로 교환 가능합니까?
Can I change this?
캔 아이 체인지 디스

:: 영수증 가지고 계십니까?
Do you have a receipt with you?
두 유 해버 리씻 위듀

:: 다른 물건과 교환하시겠습니까?
Would you like to exchange it for another one?
우쥬 라익 투 익스체인지 잇 풔 어나더 원

:: 환불이 가능한가요?
Can I get a refund?
캔 아이 게러 리펀드

ay I Speak to Mr. Johnson? He's on another line

:: 통신

여행 TIP

●●해외에서 서울 123-4567로 전화할 경우 국제전화식별번호를 누르고 82-2-123-4567로 걸면 된다. 82는 국가번호, 2는 서울지역번호인데 '0'은 누르지 않는다. 만일 국제전화를 사용해야 할 일이 있다면 출국 전에 국제전화 선불카드를 구매하는 것이 경제적이다. 또한 주말 할인 시스템이나 심야 할인 시스템을 이용하는 것이 좋다.

선불카드를 구입하면 일반전화나 공중전화로도 걸 수 있다. 호텔에서 국제전화를 걸 때는 0번이나 9번을 먼저 누른 후 걸면 된다. 또 신용카드를 이용해서 전화를 걸 수도 있다. 하지만 한국에 수신자부담으로 전화를 걸 때에는 국내 통신사의 콜렉트콜 직통 번호를 미리 준비해 가는 것이 좋다. 또 출국 전에 공항에서 핸드폰 로밍서비스를 신청하면 해외에서도 핸드폰사용이 가능하다.

●●PC방 이용료는 나라마다 지역마다 차이가 있다. 시간당 영국은 7달러, 미국은 5달러 캐나다는 약 4달러 정도이다. 우리나라처럼 PC방을 흔하게 찾을 수 있는 것은 아니지만 한인 타운 쪽에서는 쉽게 찾을 수 있다.

전화

:: 구내전화는 어디 있습니까?
Where is the house phone?
웨어리즈 더 하우스 폰

:: 공중전화는 어디에 있습니까?
Where is the pay phone?
웨어리즈 더 페이 폰

:: 시내전화는 얼마를 넣으면 됩니까?
How much is it for a local call?
하우 머치 이짓 풔러 로컬 콜

:: 전화 카드는 어디에서 살 수 있습니까?
Where can I get a calling card?
웨어 캔 아이 게러 콜링 카드

:: 전화카드 주세요.
Can I have a telephone card?
캔 아이 해버 텔러폰 카드

전화

:: 이 전화로 시외전화를 할 수 있나요?
Can I make a long-distance call from this phone?
캔 아이 메이커 롱 디스턴스 콜 프럼 디스 폰

:: 보스턴의 지역번호는 몇 번입니까?
What's the area code for Boston?
왓츠 디 에어리어 코드 풔 보스턴

:: 안내계는 몇 번 다이얼을 돌려야 합니까?
What number should I dial for information?
왓 넘버 슈다이 다이얼 풔 인포메이션

:: 교환 34번 부탁합니다.
Extension 34, please.
익스텐션 서리포 플리즈

:: 존슨 씨 좀 부탁합니다.
May I speak to Mr. Johnson?
메이 아이 스픽 투 미스터 존슨

전화

:: 잠시만 기다려 주세요.
Just a moment, please.
저스터 모멘 플리즈

:: 지금 통화중입니다.
He's on another line.
히즈 온 어나더 라인

:: 지금 자리에 없습니다.
He's not in at the moment.
히즈 낫 인 앳 더 모멘

통신

:: 메시지를 전해드릴까요?
Can I take a message?
캔 아이 테이커 메시지

:: 나중에 다시 전화하겠습니다.
I'll call again later.
아일 콜 어게인 레이러

전화

:: 국제 전화를 걸고 싶습니다.
I'd like to make an international call.
아이드 라익 투 메이컨 인터내셔널 콜

:: 콜렉트콜을 이용해 전화하고 싶은데요.
Make it a collect call, please.
메이킷 어 콜렉트 콜 플리즈

:: 신용 카드로 전화를 걸고 싶습니다.
I'd like to make a credit card call.
아이드 라익 투 메이커 크레딧 카드 콜

:: 제 방에서 국제전화를 직접 걸 수 있습니까?
Can I make a direct dial call to Korea from my room?
캔 아이 메이커 다이렉트 다이얼 콜투 코리아 프럼 마이룸

:: 한국으로 5분 동안 전화하는 데 얼마입니까?
How much does it cost for five minutes to Korea?
하우 머치 더짓 코스트 풔 파이브 미닛츠 투 코리아

우편

:: 근처에 우체국이 있습니까?
Is there a post office around here?
이즈 데어러 포스트 오피스 어라운드 히어

:: 우편엽서는 얼마입니까?
How much is a postcard?
하우 머치즈 어 포스트카드

:: 이 편지를 한국으로 부치고 싶습니다.
I'd like to mail this letter to Korea.
아이드 라익 투 메일 디스 레러 투 코리아

통신

:: 빠른우편으로 부탁합니다.
Express mail, please.
익스프레스 메일 플리즈

:: 내용물은 무엇입니까?
What's inside?
왓츠 인사이드

 우편

:: 깨지기 쉬운 것이 들어있습니다.
This is fragile.
디씨즈 프레절

:: 소포를 보험에 들겠습니다.
I'd like to have this parcel insured.
아이드 라익 투 해브 디스 파슬 인슈어드

:: 이 우편요금은 얼마입니까?
How much is the postage for this?
하우 머치 이즈 더 포스티지 풔 디스

:: 보통우편이면 한국까지 얼마나 걸립니까?
How long will it take by regular mail to Korea?
하우 롱 윌 위릿 테익 바이 레귤러 메일 투 코리아

:: 일주일 걸립니다.
It'll get there a week later.
이딜 겟 데어러 윅 레이러

인터넷

:: 근처에 PC방이 있습니까?
Is there an internet cafe around here?
이즈 데어런 인터넷 카페 어라운드 히어

:: 요금은 한 시간에 얼마입니까?
What's the charge per hour?
왓츠 더 촤지 퍼 아워

:: 선불카드가 필요합니까?
Do I need a prepaid card?
두 아이 니더 프리페이드 카드

:: 한국어로 쓰려면 어떻게 합니까?
How do I use Korean?
하우 두 아이 유즈 코리언

:: 여기 한국어를 할 줄 아는 분이 계십니까?
Is there anyone here who speaks Korean?
이즈 데어 애니원 히어 후 스픽스 코리언

영사 콜센터 이용방법

해외에서 사건·사고 등 긴급한 사항 발생시 한국정부의 도움을 받을 수 있는 외교부의 영사 콜센터는 24시간 연중무휴로 운영되고 있다.

해외에서 영사콜센터로 전화하는 방법 1.
현지 국제전화 코드 + 800-2100-0404

[주요 국가별 전화번호]
독일 00-800-2100-0404   미국 011-800-2100-0404
영국 00-800-2100-0404   일본 001-010-800-2100-0404
중국 00-800-2100-0404   캐나다 011-800-2100-0404
프랑스 00-800-2100-0404   호주 0011-800-2100-0404
홍콩 001-800-2100-0404

해외에서 영사콜센터로 전화하는 방법 2.
국가별 접속번호 + 5번 + 교환원 + 영사콜센터

[주요 국가별 접속방법]
독일 0800-0800-082   러시아 8(신호음) 10-800-110-2082
미국 1-800-822-8256   베트남 120-82-3355
스위스 080-055-7667   영국 080-089-0082
일본 00539-821   중국(상해남부) 108-2-821
중국(상해북부) 108-821   체코 800-001-138
캐나다 1-800-660-0682   터키 008-0082-2277
프랑스 080-099-0082   호주 1-800-88-1820
홍콩 800-96-0082

해외에서 영사콜센터로 전화하는 방법 3.(유료)
현지 국제전화 코드 822-3210-0404

여행 TIP

●●여행 중 여권을 분실했을 때는 바로 한국대사관으로 가서 재발급을 받아야 한다. 사진과 현지 경찰관이 발급해준 여권 분실증명서를 가지고 가면 된다. 사전에 여권 분실시를 대비해 여분의 사진을 준비하고 여권 번호와 발행연월일을 별도로 메모해 두는 것이 좋다. 본인여부 확인 작업을 거쳐야 하기 때문에 여권 재발급에 걸리는 기간은 2주정도이다. 여행 일정에 차질이 생길 수도 있으므로 여권은 분실하지 않도록 각별히 주의하자.

●●항공권을 잃어버렸을 경우는 해당 항공사에 신고를 해야 한다. 역시 분실에 대비해 항공권 번호를 따로 메모해 두는 것이 좋다. 항공권 번호를 모를 경우에는 항공권을 구입한 장소와 연락처를 알려주어야 한다. 약간의 서비스요금을 부담하면 재발권 받을 수 있지만 이 또한 시간이 오래 걸리기 때문에 일정에 차질이 생길 수 있다.

분실·도난당했을 때

:: 분실물 취급소는 어디에 있습니까?
Where is the lost and found?
웨어리즈 더 로스트 앤 파운드

:: 여권을 잃어버렸습니다.
I have lost my passport.
아이 해브 로스트 마이 패스폿

:: 지갑을 도둑맞았습니다.
I had my wallet stolen.
아이 헤드 마이 왈릿 스톨런

:: 어떻게 하면 됩니까?
What should I do?
왓 슈다이 두

트러블

:: 재발급 수속을 하세요.
Fill out an application for a new one.
필 아웃 언 어플리케이션 풔러 뉴 원

분실·도난당했을 때

:: 바로 재발급 됩니까?
Could you reissue right away?
쿠쥬 리이슈 롸잇 어웨이

:: 경찰에 신고는 하셨습니까?
Did you report it to the police?
디쥬 리포팃 투 더 폴리스

:: 한국총영사관 전화번호가 몇 번이죠?
What's the Korean Embassy number?
왓츠 더 코리언 엠버시 넘버

:: 어디서 잃어버렸습니까?
Where did you lose it?
웨어 디쥬 루즈 잇

:: 버스에 놓고 내렸습니다.
I left something on the bus.
아이 렙트 섬띵 온 더 버스

교통사고가 났을 때

:: 도와주세요.
Help me, please.
헬프 미 플리즈

:: 긴급 상황입니다.
We have an emergency.
위 해브언 이머전시

:: 경찰을 불러요.
Call the police!
콜 더 폴리스

:: 구급차를 불러주세요.
Call an ambulance, please.
콜 언 앰뷸런스 플리즈

트러블

:: 무슨 일입니까?
What's the matter?
왓츠 더 매러

트러블 175

교통사고가 났을 때

:: 교통사고가 났어요.
I had a traffic accident.
아이 해더 트래픽 어시던

:: 자동차에 치였습니다.
I was hit by a car.
아이 워즈 힛 바이 어 카

:: 괜찮습니까?
Are you all right?
아 유 올 롸잇

:: 제 친구가 다쳤어요.
My friend was hurt.
마이 프렌 워즈 헛

:: 피를 많이 흘렸어요.
He lost a lot of blood.
히 로스트 어 라러브 블러드

교통사고가 났을 때

:: 구급차를 부를게요.
I'll call an ambulance.
아일 콜 언 앰뷸런스

:: 병원에 데려 가 주세요.
Please take me to the hospital.
플리즈 테익 미 투 더 하스피럴

:: 의사를 불러 주세요.
Please call a doctor.
플리즈 콜 어 닥터

:: 다리가 너무 아파요.
I have a severed leg.
아이 해버 시비어드 렉

:: 팔이 부러진 것 같아요.
I think my arm is broken.
아이 띵 마이 암 이즈 브로큰

트러블

병원에서

:: 근처에 병원이 있습니까?
Is there a hospital around here?
이즈 데어러 하스피를 어롸운드 히어

:: 병원은 어디에 있습니까?
Where's the hospital?
웨어즈 더 하스피럴

:: 내과는 몇 층입니까?
Which floor is the physician?
위치 플로어 이즈 더 피지션

:: 어떤 증상이 있으시죠?
What are your symptoms?
왓 아 유어 심텀즈

:: 여기가 아픕니다.
I have a pain here.
아이 해버 페인 히어

병원에서

:: 발목을 삐었습니다.
I sprained my ankle.
아이 스프레인드 마이 앵클

:: 열과 기침이 납니다.
I have a fever and a cough.
아이 해버 퓌버 앤 어 커프

:: 설사가 심합니다.
I have bad diarrhea.
아이 해브 배드 다이어리어

:: 구토를 합니다.
I feel nauseous.
아이 퓔 너서스

:: 유행성 독감증상입니다.
I think I have the flu.
아이 띵 아이 해브 더 플루

약국에서

:: 진통제 있나요?
Do you have some painkillers?
두 유 해브 썸 페인킬러즈

:: 반창고를 주세요.
Band-aids, please.
밴드 에이즈 플리즈

:: 소화제를 사고 싶습니다.
I'd like medicine for indigestion.
아이드 라익 메드슨 풔 인다이제스쳔

:: 항생제 있습니까?
Do you carry antibiotics?
두 유 캐리 앤티바이어틱스

:: 이 약은 처방전이 필요합니다.
These are prescription drugs.
디즈 아 프리스크립션 드럭스

약국에서

:: 여기 처방전입니다.
Here's the prescription.
히어즈 더 프리스크립션

:: 이 처방전 약을 주세요.
Please get this prescription filled.
플리즈 겟 디스 프리스크립션 필드

:: 이 약은 어떻게 먹습니까?
How do I take this medicine?
하우 두 아이 테익 디스 메드슨

:: 하루 세 번 식사 후 두 알씩 드세요.
Take two tablets three times a day after meals, please.
테익 투 테블리츠 쓰리 타임즈 어 데이 앱터 밀즈 플리즈

트러블

:: 예정대로 여행을 해도 괜찮겠습니까?
Can I travel as scheduled?
캔 아이 트레블 애즈 스케줄드

트러블 181

병의 종류

감기	cold
유행성 감기	flu
두통	headache
치통	toothache
설사	diarrhea
소화불량	indigestion
위통	stomachache
타박상	bruise
골절	fracture
화상	burn
궤양, 종기	ulcer
무좀	athlete's foot
수두	chicken pox
홍역	measles
천식	asthma
불면증	insomnia
뇌졸증	stroke
심장병	heart disease
암	cancer
폐렴	pneumonia
당뇨병	diabetes

여행 TIP

●●항공권의 예약 확인은 출발 72시간 이전에 항공사의 사무소나 전화로 반드시 재확인을 해야 한다. 재확인을 하지 않으면 예약이 취소될 수도 있다. 돌아올 항공권을 국내에서 미리 발권 받은 경우라면 상관없이 출발 2시간 까지 공항에 나가서 곧바로 체크인 하면 된다. 출국절차는 해당 항공사 카운터에 가서 여권과 입국시 여권에 붙여놓았던 출입국카드, 항공권을 제시하면 된다. 수하물이 있다면 함께 체크인하고 수하물인환증을 받아 잘 보관하도록 한다.

●●인천국제공항의 입국 심사는 출국과 반대 순서이다. 도착하면 입국 심사장으로 가서 여권과 출국 때 작성한 출입국 신고서의 나머지 부분을 제시한다. 엑스레이 검사대를 통과하여 1층으로 내려오면 수하물이 도착하는 턴테이블이 있다. 자신이 타고 온 항공편명이 적혀있는 턴테이블에서 짐을 찾아 세관 검사대로 가면 된다.

●●세관의 검사대는 녹색의 면세 통로와 빨간색의 과세 통로로 구분되어 있다. 자신에게 해당되는 통로를 선택해 심사대의 심사관에게 여권과 함께 여행자 휴대품 신고서를 제시한다. 신고할 물품이 없는 경우에는 휴대품 신고서를 작성하지 않아도 된다. 심사원이 신고할 물건이 있는지 묻고 가방을 열어보기도 하지만 배낭여행객의 경우는 대개 그냥 통과된다.

예약을 확인할 때

:: 예약 확인을 해 주세요.
I'd like to confirm my reservation.
아이드 라익 투 컨펌 마이 레저베이션

:: 성함과 편명을 말씀해 주십시오.
Your name and flight number, please.
유어 네임 앤 플라잇 넘버 플리즈

:: 제 이름은 박민영이고 노스웨스트 787편입니다.
My name is Min-young Park and Northwest 787.
마이 네임이즈 민영 박 앤 노스웨스트 세븐에잇세븐

:: 예약이 확인되었습니다.
Your reservation is confirmed.
유어 레저베이션 이즈 컨펌드

:: 예약되어 있지 않습니다.
I can't find your name on the flight.
아이 캔트 파인드 유어 네임 온 더 플라잇

귀국

예약을 변경할 때

:: 예약을 변경하고 싶습니다.
I'd like to change my reservation.
아이드 라익 투 체인지 마이 레저베이션

:: 어떻게 변경하고 싶습니까?
How do you want to change your flight?
하우 두 유 워너 체인지 유어 플라잇

:: 출발 일을 변경하고 싶습니다.
I'd like to change the date.
아이드 라익 투 체인지 더 데잇

:: 5일자, 같은 시간 편으로 해 주세요
I'd like to fly on the 5th, on the same flight.
아이드 라익 투 플라이 온 더 핍스 온 더 쎄임 플라잇

:: 예약을 했습니다만, 취소하고 싶습니다.
I'd like to cancel my reservation.
아이드 라익 투 캔슬 마이 레저베이션

탑승수속

:: 노스웨스트 카운터가 어디입니까?
Where's the Northwest counter?
웨어즈 더 노스웨스트 카운터

:: 항공권과 여권을 주십시오.
May I see your passport and ticket?
메이 아이 씨 유어 패스폿 앤 티킷

:: 창가와 통로 쪽 어느 것으로 하시겠습니까?
Would you like a window or an aisle seat?
우쥬 라이커 윈도우 오어 언 아일 씻

:: 창문 쪽으로 부탁드립니다.
A window seat, please.
어 윈도우 씻 플리즈

:: 수하물로 보낼 가방이 있습니까?
Do you have any bags to check?
두 유 햅애니 백스 투 첵

귀국

탑승수속

:: 짐을 맡기시겠습니까?
Any baggage to check?
애니 배기지 투 첵

:: 기내로 가지고 들어가시겠습니까?
Do you have any carry on baggage?
두 유 해브 애니 캐뤼 온 배기쥐

:: 출발 30분 전까지 탑승해 주십시오.
You should board at least 30 minutes before departure.
유 슈드 보드 앳 리스트 서리 미닛츠 비포어 디파춰

:: 탑승시간은 언제입니까?
When is the boarding time?
웬 이즈 더 보딩 타임

:: 탑승 게이트는 몇 번입니까?
What's the gate number?
왓츠 더 게이트 넘버

>> 숫자

0	zero	지로
1	one	원
2	two	투
3	three	쓰리
4	four	포
5	five	파이브
6	six	씩스
7	seven	쎄븐
8	eight	에잇
9	nine	나인
10	ten	텐
11	eleven	일레븐
12	twelve	투웰브
13	thirteen	써틴
14	fourteen	포틴

15	**fifteen**	핍틴
16	**sixteen**	씩스틴
17	**seventeen**	쎄븐틴
18	**eighteen**	에잇틴
19	**nineteen**	나인틴
20	**twenty**	투웨니
30	**thirty**	써티
40	**forty**	포티
50	**fifty**	핍티
60	**sixty**	씩스티
70	**seventy**	쎄븐티
80	**eighty**	에잇티
90	**ninety**	나인티
100	**hundred**	헌드레드
1000	**thousand**	싸우전드
10000	**ten thousand**	텐싸우전드

100000	hundred thousand	헌드렛싸우전드
1000000	million	밀리언
1/2	a half	어 해프
1/3	one third	원 써드
1/4	a quarter	어 쿼러
2배	twice	트와이스
3배	triple	트리플
한 번	once	원스
두 번	twice	트와이스
세 번	three times	쓰리타임즈
첫 번째	first	퍼스트
두 번째	second	세컨드
세 번째	third	써드
네 번째	fourth	포스

다섯 번째	fifth	핍스
여섯 번째	sixth	씩스스
일곱 번째	seventh	쎄븐스
여덟 번째	eighth	에잇스
아홉 번째	ninth	나인스
열 번째	tenth	텐스
열한 번째	eleventh	일레븐스
열두 번째	twelfth	투웰프스
열세 번째	thirteenth	써틴스
스무 번째	twentieth	투웨니스
서른 번째	thirtieth	써티스
마흔 번째	fortieth	포티니스
쉰 번째	fiftieth	핍팃
예순 번째	sixtieth	씩스티스
일흔 번째	seventieth	쎄븐티스
여든 번째	eightieth	에잇티스

| 아흔 번째 | ninetieth | 나인티스 |
| 백 번째 | hundredth | 헌드레드스 |

>> 날짜 (day)

오늘	today	투데이
내일	tomorrow	투모로우
어제	yesterday	예스터데이
오전	morning	모닝
정오	noon	누운
오후	afternoon	앱터누운
저녁	evening	이브닝
밤	night	나이트
오늘 아침	this morning	디스 모닝
오늘 저녁	this evening	디스 이브닝
오늘밤	tonight	투나잇

>> 월(month)

1월	January	제뉴어리
2월	February	페브러리
3월	March	마아치
4월	April	에이프릴
5월	May	메이
6월	June	주운
7월	July	줄라이
8월	August	어거스트
9월	September	셉템버
10월	October	악토버
11월	November	노벰버
12월	December	디셈버
이번 달	this month	디스 먼스
다음 달	next month	넥스트 먼스
지난 달	last month	래스트 먼스

바로바로 단어사전

>> 주(week)

일요일	Sunday	썬데이
월요일	Monday	먼데이
화요일	Tuesday	투즈데이
수요일	Wednesday	웬즈데이
목요일	Thursday	써즈데이
금요일	Friday	프라이데이
토요일	Saturday	쌔러데이
이번주	this week	디스위크
다음주	next week	넥스트위크
지난주	last week	래스트위크

>> 시(time)

한 시간	one hour	원 아워
두 시간	two hours	투 아워즈
분	minute	미닛

초	second	세컨드
10초	ten seconds	텐 세컨즈
5분	five minutes	파이브 미니츠
10분	ten minutes	텐 미니츠
30분	half an hour	해프 언 아워
오전	a.m.	에이엠
오후	p.m.	피엠

>> 계절(season)

봄	spring	스프링
여름	summer	써머
가을	fall(autumn)	폴(어텀)
겨울	winter	윈터

>> 신체

몸	body	바디

얼굴	face	페이스
살	skin	스킨
뼈	bone	본
머리	head	헤드
머리카락	hair	헤어
이마	forehead	풔리드
눈썹	eyebrow	아이브라우
눈	eye	아이
코	nose	노우즈
볼, 뺨	cheek	치크
입	mouth	마우스
입술	lip	립
이(이빨)	tooth	투쓰
혀	tongue	텅
턱	chin	친
목	neck	넥

어깨	shoulder	쇼울더
가슴	chest/bust	체스트/버스트
등	back	백
엉덩이	hip	힙
배	stomach	스토막
배꼽	navel	네이벌
팔	arm	암
팔꿈치	elbow	엘보우
손목	wrist	리스트
손	hand	핸드
손가락	finger	핑거
손바닥	palm	파암
손톱	fingernail	핑거네일
허리	waist	웨스트
다리	leg	레그
무릎	knee	니

발목	ankle	앵클
발	foot	풋
발가락	toe	토우
발톱	toenail	토우네일
발뒤꿈치	heel	힐

>> 증상

기침	cough	커프
재채기	sneezing	스니징
열	fever	피버
오한	chill	칠
두통	headache	헤드에익
현기증	dizziness	디지니스
감기	cold	코울드
독감	flu	플루
설사	diarrhea	다이어리어

배멀미	seasick	씨씩
비행기멀미	airsickness	에어씩니스
출혈	bleeding	블리딩
타박상	bruise	브루즈
골절	fracture	프랙처

>> 약 (medicine)

소화제	digestant	디제스턴트
해열제	antifebrile	앤티피브럴
신경안정제	nerviness	너비니스
진통제	pain killer	페인킬러
감기약	cold drugs	코울드드럭스
진정제	tranquilizer	트랜퀼리저
소독약	disinfectant	디스인펙턴트
항생제	antibiotics	앤티바이오틱스
정제	tablet	태블릿

알약	pill	필
가루약	powder	파우더
연고	ointment	어인트먼
붕대	bandage	밴디지
반창고	adhesive tape	어드히씨브테입
처방전	prescription	프리스크립션
복용량	dose	도우즈

>> 음식(food)

가재	lobster	랍스터
게	crab	크랩
굴	oyster	오이스터
새우	shrimp	쉬림프
생선	fish	피쉬
연어	salmon	쌔먼
오징어	squid	스퀴드

전복	abalone	애벌로운
조개	shellfish	쉘피쉬
참치	tuna	튜너
캐비어	caviar	캐비어
해산물	seafood	씨푸드
갈비	rib steak	립스테이크
닭고기	chicken	치킨
돼지고기	pork	폭
등심	sirloin	써로인
베이컨	bacon	베이컨
소고기	beef	비프
송아지고기	veal	비일
스테이크	steak	스테이크
양고기	mutton	머튼
오리고기	duck	덕
칠면조고기	turkey	터키

고기	meat	미트
완전히 익힌 것	well-done	웰던
중간 정도 익힌 것	medium	미디움
중간보다도 덜 익혀진 것	medium-rare	미디움 레어
거의 안 익힌 것	rare	레어
석쇠에 구운	grilled	그릴드
얇게 저민	cutlet	커틀릿
튀긴	fried	프라이드
찐	steamed	스팀드
다진	hashed	해쉬드
으깬	mashed	매쉬드
끓인	boiled	보일드
달걀 반숙	soft-boiled egg	소프트보일드에그
달걀 완숙	hard-boiled egg	하드보일드에그
냉동식품	frozen food	프로즌푸드
샐러드	salad	쌜러드

샌드위치	sandwich	쌘드위치
빵	bread	브레드
국수	noodle	누들
햄버거	hamburger	햄버거
너겟	nugget	너겟
카나페	canape	카나페
머핀	muffin	머핀
패스츄리	pastry	패스츄리
크로아상	croissant	크롸상
소시지	sausage	써시쥐
핫도그	hot dog	핫독
푸딩	pudding	푸딩
쿠키	cookie	쿠키
도넛	donut	도우넛
베이글	bagel	베이글
피자	pizza	피자

스파게티	spaghetti	스파게티
미트볼	meatball	미트볼
케이크	cake	케익
샤베트	sherbet	셔빗
아이스크림	ice cream	아이스크림

>> 야채(vegetable)

가지	eggplant	에그플랜
감자	potato	포테이토
당근	carrot	캐럿
무	radish	래디쉬
버섯	mushroom	머쉬룸
시금치	spinach	스피너치
양배추	cabbage	캐비지
양파	onion	어니언
오이	cucumber	큐컴버

| 호박 | pumpkin | 펌킨 |

>> 과일 (fruit)

감	persimmon	퍼시먼
딸기	strawberry	스트로베리
레몬	lemon	레먼
메론	melon	멜론
바나나	banana	버내너
밤	chestnut	체스넛
배	pear	페어
버찌	cherry	체리
복숭아	peach	피치
사과	apple	애플
수박	watermelon	워러멜론
오렌지	orange	오린지
파인애플	pineapple	파인애플

| 포도 | grape | 그레이프 |

>> 음료(drinks)

물	water	워러
소다수	soft drink	소프트 드링크
우유	milk	밀크
주스	juice	쥬스
차	tea	티
녹차	green tea	그린티
커피	coffee	커피
콜라	coke	코크
술	liquor	리쿼
맥주	beer	비어
생맥주	draft beer	드래풋비어
샴페인	champagne	샘페인
스카치	scotch	스카치

위스키	whisky	위스키
포도주	wine	와인
백포도주	white wine	화이트와인
적포도주	red wine	레드와인
칵테일	cocktail	칵테일

>> 색깔 (color)

갈색	brown	브라운
검은색	black	블랙
노란색	yellow	옐로우
녹색	green	그린
베이지색	beige	베이쥐
보라색	violet	바이얼릿
분홍색	pink	핑크
빨간색	red	레드
자주색	purple	퍼플

파란색	blue	블루
회색	gray	그레이
흰색	white	화이트

>> 방향

동쪽	east	이스트
서쪽	west	웨스트
남쪽	south	싸우스
북쪽	north	노스
오른쪽	right	롸잇
왼쪽	left	레프트
옆	side	싸이드
위로	up	업
아래로	down	다운

(ㄱ)

가격	price	프라이스
가격표	price tag	프라이스택
가구	furniture	퍼니처
가다	go to	고우 투
가방	bag	백
가벼운	light	라이트
가수	singer	씽어
가재요리	lobster	랍스터
가제	gauze	거즈
가족	family	패밀리
가죽	leather	레더
가지고 들어가다	carry on	캐리온
간단한 식사	snack	스낵
간이 침대차	couchette	쿠쉣
간호사	nurse	너스

갈아타다	transfer	트랜스퍼
감각	sense	센스
감상하다	appreciate	어프리쉐잇
갑판	deck	덱
값비싼	expensive	익스펜시브
값싼	cheap	칩
강	river	리버
강도	robber	라버
개인용품	personal use	퍼스널 유스
개인의	personal	퍼스널
개찰구	gate	게이트
객실 요금	room charge	룸촤지
객실	cabin	캐빈
거리	street	스트릿
거스름돈	change	체인지
거울	mirror	미러

거위	goose	구즈
거친	tough	터프
걱정	care	케어
건널목	crossing	크로싱
건전지	battery	베러리
건축	architecture	아키텍처
검사	investigation	인베스티게이션
검역	quarantine	쿼런틴
견본	sample	쌤플
견인차	tow truck	토우트럭
경기장	stadium	스테이디움
경찰	police	폴리스
경찰관	policeman	폴리스먼
경치	view	뷰
계단	stair	스테어
계산	bill	빌

계약금	deposit	디파짓
계약서	contract	컨트랙트
계획	plan	플랜
고속도로	express way	익스프레스웨이
고장나다	be broken	비브로큰
골프	golf	고울프
공연	performance	퍼포먼스
공원	park	팍
공중전화	public phone	퍼플릭폰
공항	airport	에어폿
공항세	airport tax	에어폿택스
과세	tax	택스
과식	overeat	오버잇
과음	overdrink	오버드링
관광	sightseeing	싸잇씽
관광코스	tour course	투어코스

광장	square	스퀘어
교차로	intersection	인터섹션
교통	traffic	트래픽
교통체증	traffic jam	트래픽잼
교환	extension	익스텐션
교환원	operator	어퍼레이터
구급차	ambulance	앰뷸런스
구두	shoes	슈즈
구름	cloud	클라우드
구명복	life jacket	라입재킷
구조	rescue	레스큐
구토	vomit	바밋
국가번호	country code	컨트리코드
국내선	domestic flight	도메스틱플라이트
국적	nationality	내셔널리티
국제선	international service	인터내셔널써비스

국제전화	international call	인터내셔널콜
군인	soldier	쏠저
굽다	toast	토우스트
궁전	palace	팰리스
귀중품	valuables	밸류어블즈
규칙	rule	루울
균일가	flat rate	플랫레이트
근처	nearby	니어바이
금연석	nonsmoking seat	넌스모킹씻
급행	express	익스프레스
기념일	anniversary	애니버서리
기념품	souvenir	수버니어
기념품가게	gift shop	깁트샵
기다리다	wait	웨잇
기쁜	pleased	플리즈드
기입하다	fill out	필아웃

긴급사태	emergency	이머전시
길	road	로드
길이	length	렝스
깨우다	wake up	웨이컵
꼭 끼는	tight	타이트

(ㄴ)

나르다	carry	캐리
나쁜	bad	배드
나이 든	old	올드
나중에	later	레이러
낚시	fishing	피싱
난방	heating	히팅
날짜	date	데이트
남성	male	메일
남편	husband	허즈번드

낮은	low	로우
내용물	contents	컨텐츠
내의	underwear	언더웨어
냅킨	napkin	냅킨
냉난방장치(에어컨)	air conditioner	에어컨디셔너
냉장고	refrigerator	리프리저레이터
넓은	wide	와이드
노선	route	루트
노선도	route map	루트맵
놀란	surprised	써프라이즈드
농구	basketball	배스킷볼
농담	joke	조크
높은	high	하이
느린	slow	슬로우
느슨한	loose	루즈
늦다	delay	딜레이

(ㄷ)

다리	bridge	브릿지
다리미	iron	아이언
다양한	various	베리어스
다음	next	넥스트
단순한	simple	심플
달러	dollar	달러
달리다	run	런
담배	cigarette	씨거렛
담요	blanket	블랭킷
당일권	day ticket	데이티킷
당일여행	day excursion	데이익스커젼
대기자 명단	waiting list	웨이링리스트
대로	main street	메인스트릿
대사관	Embassy	엠버씨
대성당	cathedral	커씨드럴

대여용	rental	렌틀
대합실	waiting room	웨이링룸
더 좋은	better	베러
더러운	dirty	더티
더운	hot	핫
도둑	thief	띠프
도둑맞다	be stolen	비스톨런
도로 지도	road map	로드맵
도로 표지	street sign	스트릿싸인
도박	gambling	갬블링
도보여행	walking tour	워킹투어
도서관	library	라이브러리
도시	city	시티
도움	help	헬프
도자기	ceramics	써래믹스
도착	arrival	어라이벌

독서등	reading light	리딩라잇
돌아오다	be back	비백
동물원	zoo	주우
동전	coin	코인
두다	put	풋
듣다	hear	히어
등록	registration	레지스트레이션
등산	climbing mountain	클라이밍마운틴
디자인	design	디자인
따뜻한	warm	웜
딱딱한	hard	하드
딸	daughter	도러
뜨거운	hot	핫

(ㄹ)

로비	lobby	라비

룸서비스	room service	룸써비스
리무진	imousine	리무진
립스틱	lipstick	립스틱

(ㅁ)

마시다	drink	드링크
만나다	meet	밋
만들다	make	메이크
말리다	dry	드라이
맛	taste	테이스트
맛있는	delicious	딜리셔스
망가진	broken	브로큰
매다	fasten	패슨
매운	hot	핫
매일의	daily	데일리
매진	sold out	소울다웃

매표소	ticket office	티킷어피스
머물다	stay	스테이
먼저	first	퍼스트
멀리	far	파
멋진	wonderful	원더풀
면도	shave	쉐이브
면도기	razor	레이저
면세점	duty-free shop	듀티프리샵
면세품	tax-free article	택스프리아티클
면허	license	라이슨스
명소	famous spot	페이머스팟
모닝콜	wake up call	웨이컵콜
모델	model	마들
모양	shape	쉐이프
모자	hat	햇
모조품	imitation	이미테이션

모퉁이	corner	코너
목걸이	necklace	넥클리스
목욕	bath	배스
목적	purpose	퍼퍼스
목적지	destination	데스티네이션
무거운	heavy	헤비
무게	weight	웨이트
무대	stage	스테이지
무료	free	프리
무엇	what	왓
묻다	ask	애스크
물건	article	아티클
물수건	wet towel	웻미니츠
미술관	gallery	갤러리
미식축구	football	풋볼
미용사	hairdresser	헤어드레서

미용실	beauty shop	뷰티샵
미혼	single	씽글
민박	home stay	홈스테이

(ㅂ)

바꾸다	change	체인지
바닐라	vanilla	버닐러
바다	sea	씨
바람	wind	윈드
바쁜	busy	비지
바지	pants	팬츠
박람회	exhibition	엑써비션
박물관	museum	뮤지엄
박수	applause	어플러즈
반대쪽	opposite	아퍼짓
반품하다	return	리턴

받다	receive	리씨브
발 치수	feet	핏
발급하다	issue	이슈
발신인	sender	쎈더
방 번호	room number	룸넘버
방문	visiting	비지팅
방송	broadcast	브로드캐스트
배(교통)	ship	쉽
배경	background	백그라운드
배구	volleyball	발리볼
배달	delivery	딜리버리
배우	actor	액터
백화점	department store	디팟먼스토어
버스노선	bus line	버스라인
버스정류소	bus stop	버스탑
버튼, 단추	button	버튼

베개	pillow	필로우
벨트	belt	벨트
벽시계	clock	클럭
변호사	lawyer	로이어
별도요금	extra charge	엑스트러촤지
병원	hospital	하스피를
보내다	send	쌘드
보다	see	씨
보상하다	compensate	컴펀세이트
보석	jewelry	쥬얼리
보여주다	show	쇼우
보증금	deposit	디파짓
보증서	guarantee	개런티
보통열차	local train	로컬트레인
보험	insurance	인슈어런스
복도	hall	홀

복사	copy	카피
봉투	envelope	인벨롭
부두	pier	피어
부드러운	soft	소프트
부르다	call	콜
부상당한	injured	인저드
부재	absence	앱쓴스
부치다	post	포우스트
분수	fountain	파운틴
분실신고서	theft report	떼프트리폿
불량품	defective	디펙티브
불완전한	imperfect	임퍼펙트
불편한	inconvenient	인컨베니언트
불평하다	complain	컴플레인
비누	soap	솝
비닐봉지	vinyl bag	바이널백

비단	silk	실크
비상구	exit	에그짓, 엣씻
비상사태	emergency	이머전시
비싼	expensive	익스펜시브
비자	visa	비자
비행기편	flight	플라잇
빈	empty	엠티
빌리다	rent	렌트
빠른	fast	패스트

(ㅅ)

사고	accident	액시던트
사과하다	apologize	어팔러자이즈
사다	buy	바이
사람	person	퍼슨
사용료	fee	피

사용중	occupied	아큐파이드
사원	temple	템플
사적인	private	프라이빗
사진	picture	픽쳐
산	mountain	마운튼
산소마스크	oxygen mast	악시즌매스크
상대방	party	파리
상의	jacket	재킷
상점	store	스토어
생년월일	date of birth	데이텁버쓰
생일	birthday	버쓰데이
샴푸	shampoo	샴푸
서다	stop	스탑
서두르다	hurry	허리
서류	document	다큐먼트
서명	signature	식너쳐

서명하다	sign	싸인
서비스요금	service charge	써비스촤지
서점	bookstore	북스토어
선물	gift	깁트
선박우편	sea mail	씨메일
선반	closet	클로짓
선실	cabin	캐빈
선택	choice	초이스
섬	island	아일런드
성(城)	castle	캐슬
성(姓)	surname	써네임
성격	character	캐릭터
성명	full name	풀네임
세관	customs	커스텀즈
세탁물	laundry	런드라이
세탁하다	wash	워시

셔터	shutter	셔터
셔틀버스	shuttle bus	셔틀버스
소개하다	introduce	인트러듀스
소방관	fireman	파이어맨
소설가	novelist	나블리스트
소포	parcel	파쓸
소화불량	indigestion	인디제스쳔
속달	express	익스프레스
속도위반	speeding	스피딩
손님	guest	게스트
손목시계	watch	와치
손상	damage	데미지
손수건	handkerchief	핸커칩
손해	harm	함
솔	brush	브러쉬
송장	invoice	인보이스

수건	towel	타월
수고비	tip	팁
수도	capital	캐피틀
수도꼭지	faucet	퍼씻
수리하다	repair	리페어
수수료	commission	커미션
수술	operation	아퍼레이션
수신인	addressee	어드레씨
수영하다	swim	스윔
수제품	handmade	핸드메이드
수족관	aquarium	어퀘어리엄
수퍼마켓	supermarket	쑤퍼마킷
수표	check	첵크
수하물	baggage	배기쥐
숙박요금	room rate	룸레이트
순서	order	오더

숟가락	spoon	스푼
숲	wood	우드
쉬운	easy	이지
스웨터	sweater	스웨러
스카프	scarf	스카프
스테이크	steak	스테이크
스튜어디스	stewardess	스튜어디스
슬리퍼	slipper	슬리퍼
승객	passenger	패신져
승차권	ticket	티킷
시간표	timetable	타임테이블
시내	downtown	다운타운
시내버스	local bus	로컬버스
시내전화	local call	로컬콜
시내지도	city map	시티맵
시외	suburbs	써버브즈

시장	market	마킷
시차	time difference	타임디퍼런스
시차병	jet lag	젯레그
시청	city hall	홀
식당	restaurant	레스토런트
식당차	dining car	다이닝카
식료품	food	푸드
식료품점	grocery	그러써리
식물원	botanical garden	보태니컬가든
식사	meal	밀
식중독	food poisoning	푸드포이즈닝
신고하다	declare	디클레어
신문	newspaper	뉴스페이퍼
신분증	ID card	아이디카드
신용카드	credit card	크레딧카드
신청	application	애플리케이션

신호	signal	씨그널
신호등	traffic light	트레픽라이트
쓰다	write	롸잇

(ㅇ)

아나운서	announcer	어나운서
아내	wife	와이프
아침식사	breakfast	브렉퍼스트
아프다	sick	씩
안경	glasses	글래씨즈
안내 책자	guide book	가이드북
안내	information	인포메이션
안내방송	announcement	어나운스먼트
안내소	information center	인포메이션 센터
안내원	guide	가이드
안전벨트	seat belt	씻벨트

안전한	safe	세이프
야구	baseball	베이스볼
야채	vegetable	베지터블
약	medicine	메드슨
약국	drugstore	드럭스토어
양말	socks	싹스
양복	suit	수트
양식	form	폼
어디	where	웨어
어떻게	how	하우
어른	adult	어덜트
어린이	child	차일드
얼음	ice	아이스
여객선	passenger ship	패신저쉽
여권	passport	패스포트
여권심사	passport control	패스폿컨트럴

여배우	actress	엑트리스
여성	female	피메일
여성용품점	boutique	부띠끄
여행사	travel agency	트래블에이전시
여행용가방	suitcase	수웃케이스
여행일정	itinerary	아이티너래리
여행자수표	traveler's check	트레블러즈첵
역	station	스테이션
연결카운터	transfer desk	트렌스퍼데스크
연결통로	ramp	램프
연결하다	connect	커넥트
연락처	contact address	컨택어드레스
연료	fuel	퓨얼
연수	study	스터디
연장하다	extend	익스텐드
연주회	concert	칸서트

연중행사	annual event	애뉴얼이벤트
열다	open	오픈
열쇠	key	키
열차	train	트레인
엽서	postcard	포슷카드
영사관	consulate	칸썰릿
영수증	receipt	리씻
영업시간	business hour	비즈니스아워
영업중	open	오픈
영화	movie	무비
예고	preview	프리뷰
예매표	advance ticket	어드번스티킷
예약	reservation	레저베이션
예정대로	on schedule	언스케줄
오토바이	motorcycle	모러싸이클
오픈카	convertible	컨버터블

온도	temperature	템퍼러쳐
온방	heating	히팅
옷	clothes	클로드즈
옷걸이	hanger	행어
왕복여행	round trip	라운드트립
왕복표	round-trip ticket	라운드트립티킷
외교관	diplomat	디플러맷
외국인	foreigner	포리너
요금	charge	촤지
요금표	tariff	태리프
요리, 음식	dish	디쉬
욕실	bathroom	베쓰룸
우산	umbrella	엄브렐러
우체국	post office	포스터피스
우체통	mail box	메일박스
우편번호	zip code	집코드

우편요금	postage	포스티지
우표	stamp	스탬프
운동	sports	스포츠
운동장	playground	플레이그라운드
운송	transportation	트랜스포테이션
운전사	driver	드라이버
웅장한	grand	그랜드
원하다	want	원
웨이터	waiter	웨이러
웨이트리스	waitress	웨이트리스
위생봉투	airsickness bag	에어씩니스백
위스키	whisky	위스키
위층	upstairs	업스테어즈
위험	danger	대인저
유람선	sightseeing boat	싸잇씽보트
유료 도로	toll road	톨로드

유명한	famous	페이머스
유스호스텔	youth hostel	유스호스텔
유원지	amusement park	어뮤즈먼팍
유적지	historic place	히스토릭플레이스
유효기간	valid	밸리드
은행	bank	뱅크
음료	drink	드링크
음악	music	뮤직
응급	emergency	이머전시
의료보험	medical insurance	메디컬인슈어런스
의사	doctor	닥터
이등석	second class	쎄컨클래스
이륙	take off	테익어프
이름표	name tag	네임택
이발소	barber shop	바버샵
이부자리	sheet	시트

이불	quilt	퀼트
이쑤시개	tooth pick	투쓰픽
인기 있는	popular	파퓰러
인출하다	withdraw	위드러
일반적인	general	제너럴
일방통행	one-way	원웨이
일인당	per person	퍼퍼슨
일행	party	파리
일회용 밴드	bandage	밴데쥐
임대료	rental charge	렌틀차지
임시 보관증	claim check	클레임첵
입구	entrance	엔트런스
입국관리	immigration	이미그레이션
입국사증	entry visa	엔트리비자
입국심사	passport control	캐스폿컨트럴
입국카드	entry card	엔트리카드

한국어	영어	발음
입장	admission	어드미션
입장권	ticket	티킷
입장료	admission fee	어드미션피

(ㅈ)

한국어	영어	발음
자동차	car	카
자동판매기	ticket machine	티킷머신
자유석	unreserved seat	언리저브드씻
자전거	bicycle	바이씨클
작은	small	스몰
잡지	magazine	매거진
장갑	gloves	글로브즈
장거리 전화	long distance call	롱디스턴스콜
장난감	toy	토이
장소	place	플레이스
재발급하다	reissue	리이슈

재확인	reconfirm	리컨펌
저녁식사	dinner	디너
전기	power	파워
전기용품점	electric store	일레그릭스토어
전람회	exhibition	엑써비션
전보	telegram	텔러그램
전자	electronics	일렉트로닉스
전화카드	phone card	폰카드
절약하다	save	쎄이브
젊은	young	영
점심식사	lunch	런치
점원	clerk	클럭
접수	reception	리셉션
접수처	front desk	프론데스크
접시	plate	플레이트
젓가락	chopsticks	찹스틱스

정비소	garage	거라지
정장하다	dress up	드레스업
정정하다	correct	커렉트
정차역	stop	스탑
제안하다	suggest	써제스트
제품	product	프라덕
제한하다	limit	리미트
조끼	vest	베스트
조사하다	investigate	인베스티게이트
조용한	quiet	콰이엇
좁은	narrow	네로우
종이가방	paper bag	페이퍼백
좌석	seat	씨트
좌석번호	seat number	씻넘버
주말	weekend	위켄드
주문하다	order	오더

주사	injection	인젝션
주소	address	어드레스
주유소	gas station	개스테이션
주차금지	no parking	노우파킹
주차장	parking lot	파킹 랏
줄무늬	stripe	스트라이프
중간 휴식	intermission	인터미션
중심가	downtown	다운타운
지갑	wallet	왈릿
지금	now	나우
지도	map	맵
지름길	shortcut	숏컷
지불	payment	페이먼트
지역 번호	area code	에어리어 코드
지정석	reserved seat	리저브드씻
지폐	bill	빌

지하	basement	베이스먼트
지하철	subway	썹웨이
직업	occupation	아큐페이션
직통	directly	디렉틀리
직항	nonstop flight	난스탑플라잇
직행버스	nonstop bus	난스탑버스
진단서	diagnosis	디에그노시스
진통제	painkiller	페인킬러
질병	sickness	씩니스
짐	baggage	배기지
짐꾼	porter	포터

(ㅊ)

차림표	menu	메뉴
착륙	landing	랜딩
찾다	find	파인드

한국어	English	발음
책임자	manager	매니저
처방전	prescription	프리스크립션
체온	temperature	템퍼러쳐
초과하다	exceed	엑씨드
최상의	the best	더베스트
추월금지	no passing	노우패씽
추천하다	recommend	레커멘드
축구	soccer	싸커
축제	festival	페스티벌
출구	exit	이그짓
출국카드	embarkation card	임바케이션카드
출납계	cashier	캐셔
출발	departure	디파춰
출발하다	start	스타트
출입금지	keep out	킵아웃
취소하다	cancel	캔슬

층	floor	플로어
치약	toothpaste	투쓰페이스트
친절	kindness	카인니스
친척	relative	렐러티브
침대차	sleeping car	슬리핑카
침실	bedroom	베드룸
칫솔	toothbrush	투쓰브러쉬

(ㅋ)

카드열쇠	card key	카드키
칼	knife	나이프
컵	glass	글래스
케이블카	cable car	케이블카
큰	large	라지

(ㅌ)

한국어	English	발음
타다	get on	게런
타입	type	타입
탈의실	dressing room	드레싱룸
탑승	boarding	보딩
탑승구	gate	게이트
탑승권	boarding pass	보딩패스
택시 승차장	taxi stand	택시스탠드
토속음식	local food	로컬푸드
통과	transit	트랜씻
통과하다	pass	패스
통로	aisle	아일
통역가	interpreter	인터프리터
통행금지	no trespassing	노우트레스패씽
통화(화폐)	currency	커런씨
튀긴	fried	프라이드

특급열차	limited express	리미티드익스프레스
특산품	speciality	스페셜리티
틀린	wrong	렁

(ㅍ)

팩스	facsimile	팩시밀리
팸플릿	brochure	브로슈어
편도	one way	원 웨이
편리한	convenient	컨베니언
편명	flight number	플라잇넘버
편지	letter	레터
편한	comfortable	컴퍼터블
폐관 시간	closing time	클로징타임
포함하다	include	인클루드
표	ticket	티킷
표시	landmark	랜드마크

표지판	sign	싸인
품질	quality	퀄러티
풍경	view	뷰
피로	fatigue	퍼티그
피해자	victim	빅팀

(ㅎ)

하나 더	one more	원모어
하루관광	full day tour	풀데이투어
한국대사관	Korean Embassy	코리언엠버시
할인	discount	디스카운트
합계	total	토틀
항공사	airline	에어라인
항공운임	air fare	에어페어
항구	harbor	하버
항의하다	protest	프러테스트

항해	voyage	보이지
해결	solution	쏠루션
해산물	seafood	씨푸드
해협	channel	채널
향수	perfume	퍼퓸
현관	front door	프론도어
현금	cash	캐쉬
현지시간	local time	로컬타임
혈액형	blood type	블러드타입
형식적인	formal	포멀
호수	lake	레이크
화물요금	baggage fare	배기지페어
화장	make up	메이컵
화장실	lavatory	래버터리
화장지	toilet paper	토일릿페이퍼
화장품	cosmetics	카즈메틱스

확인하다	confirm	컨펌
환불하다	refund	리펀드
환승	transfer	트랜스퍼
환승하다	transit	트렌씻
환율	exchange rate	익스체인지레이트
환전하다	exchange	익스체인지
환풍기	electric fan	일렉트릭팬
횡단보도	intersection	인터섹션
후식	dessert	디저트
휴가	vacation	베케이션
휴게실	lounge	라운지
휴식	rest	레스트
휴일	holiday	할러데이
흡연석	smoking seat	스모킹씻

바로바로 통하는 여행영어

초판 1쇄 인쇄 2005년 6월 3일
개정 5쇄 발행 2019년 7월 8일

지은이 | 김신애
펴낸이 | 양봉숙
편 집 | 김지연
디자인 | 김선희

펴 낸 곳 | 예스북
출판등록 | 2005년 3월 21일 제320-2005-25호
주   소 | 서울시 마포구 서강로 131 신촌아이스페이스 1107호
전   화 | (02) 337-3053
팩   스 | (02) 337-3054
E-mail | yesbooks@naver.com

ISBN 978-89-92197-55-7 10740

값 8,000원